OHSAMA BUNKO

「プラス１秒」
気分転換の心理学

清田予紀

三笠書房

この本を活かせば、今すぐ「気分転換の達人」になれます。

「誰かのひと言で元気が出た」「ちょっと体を動かしたらスッキリした」——きっと経験したことがあるでしょう。

怒りの感情にさいなまれたり、イヤな予感におびえたり、つい本心と違う態度に出てしまったり……そんなときでも、「たった1秒」で、心はリセットできるのです。

人間の心理を客観的に見て、心と行動の関係を研究してきた心理学を、自分のために使ってみませんか。

もくじ

1章

1秒で自分自身をリフレッシュさせる

——「気持ちを切り替える」考え方のコツ

2章

1秒で不安を取り除く
——「イラッ」「ドキッ」「モヤッ」から解放されるには

3章

1秒でピンチを切り抜ける

――いちいち焦らなくても大丈夫

4章

1秒でイメージチェンジを図る

——ちょっとしたことで「見え方」はずいぶん変わる！

5章

1秒でその場に溶け込む

——好かれたいのは、お互いさま？

6章

1秒でオープンマインドになる

――人づき合いがラクになる「心の習慣」

本文イラストレーション◎桃色ポワソン

1章

1秒で自分自身をリフレッシュさせる

——「気持ちを切り替える」考え方のコツ

われに返る

↓怒りの感情をコントロールするには

私の欠点は気が短いこと。部下が思いどおりの結果を出せないと、すぐにキレて暴言を吐いてしまいます。

自分の感情を上手にコントロールする方法はないものでしょうか？

人間に感情というものが備わっている以上、誰だって怒りにかられることはあります。「虫の居所《いどころ》」の悪いときもあれば、思わず「カッ」となってしまうこともあるでしょう。

しかし、怒りをコントロールできないと、つまらないことでイライラしたり、相手に当たってしまったりして、日常生活でも仕事でも支障《ししょう》をきたしてしまうことになりがちです。

近年、にわかに問題となってきた〝あおり運転〟も、怒りの感情を抑《おさ》えられない人たちによる蛮行《ばんこう》といえるでしょう。

そんなやっかいな怒りの感情のコントロール法を、論文にして発表した心理学者がいます（2012年）。

オーストラリアにあるニューサウスウェールズ大学のトーマス・デンソン博士がその人。

博士によれば、**ふだんと反対の手を意識して使うことで、自制心を司《つかさど》る脳部位**

が刺激を受け、いつの間にか怒りをコントロールできるようになる、というのです。

つまり、右利きの人は左手を、左利きの人は右手を意識的に使うようにすればいいということ。

しかも、食事のときや、ものを書くというような難しいことである必要はありません。たとえば、パソコンのマウスを扱う手、飲み物をかき混ぜるスプーンを持つ手、ドアを開け閉めする手を利き手と反対の手にする——たったそれだけで効果があるのだとか。

博士の行なった実験では、感情を害する言葉を投げかけられた被験者のうち、怒りっぽい人ほど相手への復讐《ふくしゅう》感情が生まれやすいことがわかりました。

また、脳をスキャンしてみた結果でも、脳の怒りに関係する部位の活動が活発になったといいます。

そんな怒りっぽい被験者に2週間、利き手と反対の手を意識的に使ってもらったところ、自制心を司る脳部位の働きがうながされ、攻撃性が低下したというのです。

にわかには信じられないかもしれませんが、こんな些細《ささい》な変化だけで、私たちの脳は劇的に変わる可能性があるということ。

人間、誰しも怒りを覚えることはあります。でも、それでカッとなったりイライラしてもいいことは何もありません。

たとえ、一瞬感情的になっても、われに返ることができれば、一歩引いた視点から冷静に問題を解決できるし、人間関係で無用のトラブルを起こすこともなくなります。

そんな**おだやかな心が左手（左利きの人は右手）の使用という簡単な方法で手に入る**のだとしたら、試さない手はありませんよね。

自分の気の短さに手を焼いている方、自覚している方は、これから意識して利き手と反対の手を積極的に使ってみてはいかがでしょうか。

「心のくすみ」を取り除く
↓何かを「ツルツルピカピカ」に磨けばいい

ストレスを解消したいのに、無趣味の私はその解消法を何も思いつきません。
そんな私にできるストレス解消法はないものでしょうか？

概して女性は、「キラキラしたもの」が大好きです。

ある心理学者によると、女性が**宝石やイルミネーションなど、キラキラしたものを好むのは、『多幸感《たこうかん》』を覚えて、気持ちが高揚《こうよう》するから**だといいます。

『多幸感』とは、気持ちが一時的に高揚し、感謝の念が強くなったり、強い幸福感や健康感を覚えるようになる状態のこと。

最近の女性たちがキラキラしたものを身につけたがるのは、ストレスの多い現代社会を生き抜くには、それが元気を回復する何よりの特効薬であることを本能的に感じ取っているからなのでしょう。

裏を返せば、それだけ現代の女性はストレスを抱えている、ということでもあります。もしかしたら、女性の持ち物のキラキラ度は、その人がどれくらいストレスを抱えているかのバロメーターになるかもしれませんね。

もちろん、ストレスを抱えているのは女性だけではありません。男性もストレスで心はガチガチ。ですから、男性だってストレスを解消するような多幸感を味わいたいと思っています。

ただ、男性の場合はキラキラよりも、ツルツルピカピカのほうがより多幸感を覚えるようですね。たとえば、ツルツルピカピカの「車のボディ」とか、「カメラのレンズ」とか。たまの休日に、お父さんが無心で車の洗車に励《はげ》むのも、実はピカピカになった愛車を見て多幸感に包まれたいからなのです。

車がきれいになる上に、いい気分になれるのですから、これくらい安上がりなストレス解消法はないかもしれません。

このストレス解消法は、女性の皆さんもぜひ取り入れるべきでしょう。**なんだか気分がスッキリしない、心がよどんでいると感じたときは、周りにあるものを磨いてみましょう。**

いつの間にか、くすんでしまった宝石類、水垢《みずあか》のついたグラス類、部屋の汚れた窓、洗面台の曇《くも》った鏡、埃《ほこり》をかぶったテレビの画面、油でギトギトのヤカン。目についた汚れたものならなんでもいいのですが、できれば磨けばキラリ、ピカリと光るものがベター。磨くための道具は、タオルでもスポンジでも、使い古しの歯ブラシでもなんでもＯＫ。最近は、メラニン樹脂製の研磨《けんま》スポンジなども安く手に入るので、そういうものを用意しておくと、より輝いて完成度もアップします。

なにしろ、磨いた物がキラキラピカピカになるほど達成感を覚え、自分のよんだ心まできれいになった気がして多幸感でいっぱいになるのですから、磨き甲《が》斐《い》がありますよ。

個人的にやり始めると夢中になるのが、鍋やヤカン磨きです。

磨くとピカピカになるので、やり甲斐がありますし、磨いているときは無心になれるので、悩み事や心配事などもきれいに忘れてしまいます。磨いた後のピカピカのヤカンで沸かしたお湯でいれるコーヒーの美味《おい》しいことといったら……。

論より証拠、ぜひあなたも身の回りにある何かを磨いてみてください。

気持ちのいい達成感と、心地いい疲労感を覚えるので、夜にやるときっと寝つきもいいはず。翌朝、スッキリとした気分で仕事に出かけられますよ。

「集中力」を得る

↓「適度にうるさい」をＢＧＭに

在宅勤務が増えたのはいいけれど、妻も子もいない家の中でひとり仕事をしていると、すぐ飽きて、くだらない雑用を始めてしまいます。

そんなとき利用するのが近所の喫茶店。なぜか喫茶店だと仕事がはかどるんですよね。不思議です。

街の喫茶店を覗《のぞ》くと、ノートパソコンやタブレットで仕事や勉強をしている人がよくいます。彼らはなぜ、喫茶店に入ってまで仕事をするのでしょう。

体験者に聞くと、「こういう場所のほうが仕事がはかどるんだよね」といった答えが異口同音《いくどうおん》に返ってきます。

果たして本当にそうなのでしょうか。

答えは、「YES!」。心理学的には、「はかどる」場合が多いことがさまざまな研究で確かめられています。

はかどる鍵は〝適度な騒音〟。アメリカで行なわれた音と創造力に関する研究によると、比較的静かな音（50デシベル）のする環境より、適度な騒音（70デシベル）のある環境のほうが集中力が高まり、創造性の求められる仕事のパフォーマンスが上がることがわかっています。

書斎《しょさい》や図書館のような静かな環境より、喫茶店のように雑談する声やテーブルを片づける音のする環境のほうが、集中力が高まって能率が上がるというのです。

『社会的促進《そくしん》』という心理学用語があります。これは、作業や課題を遂行《すいこう》しているときに、そばに他者がいることでその作業や課題の成績が高まる現象を表わす言葉。命名者は、心理学者のフロイド・オルポート（1920年）です。

喫茶店では、**周りに自分以外のお客さんがいることで、この社会的促進が生まれやすい**のです。周りに人がいると気が散る、邪魔《じゃま》だ、と思いがちですが、実は邪魔ではなく、むしろ自分の集中力を高める助けになるということです。

プロスポーツの選手たちも、その多くが無観客よりも有観客のほうが確実にパフォーマンス力が上がると証言しています。それも社会的促進の効果の一例なのでしょう。

また、喫茶店での仕事は、時間的制約もあるので余計に集中力が高まります。

一杯のコーヒーで長時間テーブルを占拠《せんきょ》するのは誰もが後ろめたさを感じます。ある程度の時間内に作業を終わらせるために、自然と集中してしまうというわけです。

自宅での作業だと、時間的制約をあまり感じられないので、ついダラダラと作業をしてしまったり、他のことに気をとられてしまって集中が長続きしません。

このように喫茶店のほうが、仕事がはかどるのにはちゃんとワケがあるのです。新型コロナウイルス感染拡大防止のために、テレワークやリモートワークを導入する企業が急増しました。でも、自宅のデスクでずっと仕事をしていると、煮詰まってしまうこともあります。

そんなときこそ、**気分転換も兼ねてタブレットやノートパソコンを片手に散歩に出ましょう。**目的地は、近所の公園でもカフェでもあなたのお望みの場所で結構。

子どもたちのにぎやかな声やお客さんの話し声がいい意味でＢＧＭ代わりになって、また仕事へのモチベーションが上がることでしょうから。

「ネガ・ポジ」気分を入れ替える

↓「メッセージソング」を聞けばＯＫ

私の悩みは、生来《せいらい》のネガティブ思考だということ。同僚からも「〃どうせ俺は〃って口ぐせはやめたほうがいい」と言われるのですが、それさえなかなかできません。生まれつきだからしようがないんですけど。

ネガティブ思考の人って、意外に多いものです。

ここで断言したいのは、**私たちは生まれつきネガティブなわけではない**ということ。ネガティブに考える習慣が身についてしまっただけだということです。

自分に言い聞かせるように言葉を投げかけることを心理学では『セルフトーク』と呼んでいます。

言葉は行動の引き金になります。「どうせ自分なんて」「ダメだダメだ」「疲れたぁ」といったマイナスな言葉を口にすればするほど気持ちが萎縮《いしゅく》し、消極的な行動しかできなくなります。

すると、それが習慣になり、望むような収穫も得られないので、結果としてネガティブ思考になっていくのです。

ネガティブなセルフトークばかりしていると、自分の未来がどんどん悲観的になっていきます。「どうせ私なんて」といったセルフトークを繰り返すうちに、それが脳の神経可塑《かそ》性の働きにより、自分にとっての〝真実〟になってしまうのです。

つまり、私たちの脳は入力した情報に基づいて、新しい神経回路をつくる能力があり、自分で考えたり言ったりすることで新しい神経回路が出来上がり、知らず知らずのうちに脳の構造が変化していくということ。

問題なのは、ネガティブなセルフトークを口にすることで、周囲の人にまでネガティブなメッセージを植えつけてしまうこと。つまり、ネガティブ思考を伝染させてしまうのです。

結果、あっという間に「ネガティブ倶楽部《くらぶ》」が出来上がってしまうので、集まればグチを言い合うばかりで、ますます雰囲気は悪くなってしまいます。

読者の中には、神経回路が出来上がっているのであれば、それを修正することは不可能と思う方がいるかもしれません。でも、それは早合点《はやがてん》というもの。

修正したいのなら、ポジティブなセルフトークで上書きすればいいのです。

ネガティブな言葉をなるべく封印して、ポジティブな言葉を使うようにするということ。たとえば、次のように変換してみるのです。

「どうせ無理」→「**やればできる**」
「またミスった」→「**まだまだイケる**」
「何をやっても無駄《むだ》」→「**まだ方法はいっぱいあるぞ**」

前述しましたが、言葉は行動の引き金になります。プラスの言葉をつぶやけば、気持ちは高まり、積極的な行動ができるようになるのです。

そんなプラスの言葉が簡単には思い浮かばないという人は、アスリートのマネをして「音楽から力をもらう」という方法を試してみてはいかがでしょう。

最近のスポーツ選手の多くが、試合の前にお気に入りの曲を聴いてリラックスしたり気持ちを高めたりしています。彼らが聴く曲は、ポジティブなメッセージの曲がほとんどです。

そのメッセージを繰り返し聴き、また口ずさむことで、ポジティブなセルフトークと同じ効果を自分にもたらしているのです。あなたもぜひお試しを。

エンジンをかけ直す

↓ＮＡＳＡ式「パワーナップ」を

私の悩みは、集中力が続かないことです。大学の授業は90分ですが、すぐ飽きてスマホをチェックしたり、うつらうつらと居眠りしたり。なんとか集中力を持続させて勉強する方法はないものでしょうか。

大学や専門学校の1コマの授業時間は、1時間半＝90分が標準的です。なぜ90分なのかといえば、**大脳生理学的にその程度しか集中力が持続しないと**いわれているから。

映画が90分＝1時間半ぐらいの長さだと集中して観ることができるのに、2時間以上の大作になるとどんなに面白くても中だるみしたり、上《うわ》の空になってしまうのはそのせいだともいわれています。

ですから、脳がまだシャッキリしている1時限目の授業ならまだしも、2時限目、3時限目となると、そんな90分も集中力が続くものではありません。

特に、昼食後は食べたものを消化するために胃腸の働きが活発になってきます。血液が胃腸に集まります（その分、脳へ行くはずの血液が少なくなる）し、自律神経である副交感神経の働きが優位になります。

副交感神経は体をリラックスモードにしますから、眠くなりますし、集中力もダウンしてしまいます。

授業に飽きてスマートフォンをチェックしたり、うつらうつらと居眠りする学生が出てくるのもやむを得ないことではあるのです。

そんな昼食後の脳の能力ダウンを解消するために、最近ＩＴ企業などで取り入れられているのが『パワーナップ（積極的仮眠）』という短時間睡眠法です。

これは、社会心理学者ジェームズ・マース氏が提唱したもので、昼食後にとる15～25分ほどの睡眠のこと。

その科学的効果を実証したＮＡＳＡ（アメリカ航空宇宙局）での実験によると、26分間の仮眠で、認知能力が34％、注意力は54％も向上したといいます。

カリフォルニア大学バークレー校の睡眠科学者で『睡眠こそ最強の解決策である』という著書もあるマシュー・ウォーカー博士の研究では、**入眠後20分ほどで訪れる軽い睡眠レベルは、脳内のワーキングメモリーをクリアにし、情報が整理整頓《せいとん》されて記憶が強化される**ことが明らかになったといいます。

これが短時間睡眠で、頭がスッキリ冴《さ》えわたる理由の一つとされています。

ただし、仮眠が30分以上になると深い眠りに到達してしまいます。すると、寝覚めが悪く、起きてからもボーッとした状態になって逆効果。なので、パワーナップを試すなら20分前後の短時間で済ませることがスッキリ目覚める最大の秘訣です。

昼下がりに眠気が訪れるのは、いわば自然の理。そのまま仕事を続けても効率や成果は落ちる一方です。

昼間に短時間の昼寝をして眠気を解消することは、落ちた集中力を高めるために理にかなっているというわけです。

パワーナップが話題になって以来、オフィスなどで快適に昼寝ができるグッズもさまざまに開発され、実際に売れているようです。

あなたもパワーナップ、試してみませんか。

「おっくうな気分」を消す
↓背中を一番押してくれるのは「朝の散歩」

以前、犬を飼っていた頃はよく散歩をしていました。でも、愛犬が天国に旅立ってからはすっかり腰が重くなってしまって。経験からも散歩が体にいいことはわかっています。もう一度始めたい気持ちも十分ある。なのに、なかなか始められません。

背中を押してくれる何かがあるといいんですが。

散歩が心にも体にも良い効果を生むことは、疑う余地のないところです。

ただ、それを始めるとなると話は別。重い腰をなかなか上げられないという人も多いのではないでしょうか。

そこで、そんな方たちの背中を押せるかもしれない心理学の研究をご紹介します。

実験を行なったのはアメリカ・デューク大学の研究チーム（2000年）で、うつ病の人を被験者にして、次の3つのグループに分けました。

第1グループ：抗うつ剤を処方する
第2グループ：週に3回、45分間散歩やストレッチなど軽い運動をする
第3グループ：その両方をする

その結果、どのグループも同程度の改善が報告されました。

つまり、**散歩やストレッチなどの軽い運動には抗うつ剤を服用するのと同じ効**

果があることがわかったのです。

この実験はそこでは終わりませんでした。実験から半年後、うつの再発率を調べたところ、再発率は以下のとおりでした。

第1グループ（抗うつ剤を飲んだだけ）：再発率　38％
第2グループ（散歩などの軽い運動をした）：再発率　9％
第3グループ（抗うつ剤と運動の両方）：再発率　31％

このように第2グループだけ再発率が格段に低いという結果が出たのです。**散歩、特に朝の散歩は「幸せホルモン」と呼ばれる、セロトニンの分泌《ぶんぴつ》を促進させることが知られています。**

セロトニン不足の人はうつになりやすいもの。セロトニンが脳内に分泌されると爽《さわ》やかな気分になり、前向きに生きようという意欲が湧いてきます。

この実験からも、朝の散歩は幸福感がアップするだけでなく、その効果が持続するということがわかったのです。

また、ピッツバーグ大学の心理学チームの研究（２０１１年）でわかったことですが、１日40分、散歩などの有酸素運動を半年間続けると、脳の中の記憶を司る海馬《かいば》の体積が、２％も大きくなることが判明したのだとか。

論文を発表したカーク・エリクソン教授は、

「加齢に伴う海馬の萎縮は必然的なもの。でも、適度な運動を続けるだけで海馬のサイズを大きくすることは可能なのです」

とコメントしています。

高齢になると記憶力は落ちていくばかりだと思ってしまいがちですが、**散歩をすれば記憶力を維持したり、高めることもできる**ということです。

いかがです、少しは散歩をする気になりました？

「やる気」を取り戻す

↓「アンダーマイニング効果」に要注意

きれい好きなので、毎朝、事務所内の掃除を自発的にやっていた私を見た所長が「掃除に報酬《ほうしゅう》を出す」と言ってくれたんです。

でも、いざもらってみると、なんだか義務感ばかりが先立って、あまり掃除を楽しめなくなってしまいました。報酬といっても子どものお駄《だ》賃《ちん》程度なので、もらわなければ良かったです。

好きで楽しんでいたことや趣味を仕事にした途端、「あれほどあった情熱が消えてしまった」「今は、稼ぐために仕事をしている」と、肩を落とす人がよくいます。

趣味だった頃は楽しめていたことが、仕事になるとなぜ、あまり楽しめなくなってしまうのでしょう。趣味を仕事にできるなんて羨《うらや》ましい限りなのに、なぜなのでしょう。

その理由を心理学的に考察してみると、『アンダーマイニング効果』が働くからのようです。

人のやる気を生み出す『動機づけ』には2種類あります。

一つは、やるとほめられる・報酬がもらえる、やらないと罰を受けるなどが原因となる『外発的動機づけ』。もう一つは、好奇心や興味などから自らやりたいと考える『内発的動機づけ』です。

アンダーマイニング効果は、内発的動機づけによって自発的に行動していたことに、報酬などの外発的動機づけが関わることで、途端にやる気がなくなってしまうという現象をいいます。

「アンダーマイン」には、「土台を台無しにする」「徐々に弱らせる」という意味があります。土台ができているところへ外発的な刺激が与えられることで土台が崩れてしまうんですね。

好きで楽しく自発的にやっていたことでお金がもらえるようになると、報酬のために行動するようになり、自発性が損《そこ》なわれてしまうのです。

しかも困るのは、一度失われたやる気は、なかなか戻ってこないという点です。

このことは、アンダーマイニング効果の名づけ親でもある、心理学者エドワード・L・デシ氏とマーク・R・レッパー氏が実験によっても証明しています（1971年）。

テレビゲームも趣味で楽しんでいるうちは熱中しますが、それで報酬がもらえるとなると別物になります。単なる娯楽ではなく、仕事になってしまうので、使命感が強くなって、ゲームそのものを楽しむというわけにはいかなくなるからです。しかも、報酬がもらえるようになると、報酬がもらえないただのゲームなど眼中になくなります。

何も報酬のないパチンコなど、パチンコ好きな人は見向きもしないでしょう。いつの間にか、金銭が得られないのなら行動する意味がないと判断するようになってしまうわけです。

報酬には、このような効果が働くことを考えると、子どもが自発的に始めたこと、たとえば庭掃除などに、「おお、よくやったね。じゃあ、これはご褒美《ほうび》だ」とお金をあげるのは考えものかもしれません。

というのも、子どもから自発性が消えて、次からはお金をあげないと庭掃除をしなくなる可能性があるからです。

かえってほめるだけのほうが、子どものやる気を刺激して、ますます自主的に庭掃除をしてくれる場合がある、ということを頭に入れておいてくださいね。

気が散りやすいとき

↓その「ネオフィリア」の力を活かす

年配の女性の上司から「あなたってミーハーね」とよく言われます。

これはほめられているんでしょうか、けなされているんでしょうか。いつも悩みます。

広辞苑によると、「ミーハー」とは「世の中の流行にかぶれやすいこと。また、そのような人」という意味の言葉。昭和初期に日本で生まれた俗語だといわれています。

その語源には複数の説がありますが、中でも信ぴょう性が高そうなのは、次のような説です。

《昔の女性の名前の頭文字《かしらもじ》に「み」（みよちゃん）や、「は」（はなちゃん）が多かったことから、「みいちゃんはあちゃん」の略で「みいはあ」に由来するといわれている》

最近でも、「ミーハー女子」といった使われ方をしているので、昭和初期に生まれた言葉にしては長持ちしているのかもしれませんね。

『ネオフィリア』という言葉があるのをご存じでしょうか。「新奇なものを好む」という意味で、ミーハーの親戚のような言葉です。

人は常に新しいもの、珍しいものに出会いたがります。そして、それを自分の中に取り込むことに無上の喜びを感じる生き物です。

そもそも人間はネオフィリアであるからこそ、これほどまでに進化し、これほどまでの文明を築き上げてきたともいえます。

ただ一方で、私たちは安定を求める生き物でもあります。いつも同じであることに満足し、いつもと変わらない日であることに喜びを覚え感謝すらします。

安定すること、それ自体はとても大切なことです。

でもその短所は、惰性《だせい》に流されやすいという点。ネオフィリアが眠ってしまい、成長が止まってしまいがちです。成長を止めないためにも、私たちは自分の中にあるネオフィリアをいつも刺激し起こしてやる必要があるのです。

そのために必要なことは何か。

ネオフィリアの人に共通するのは、次のような点です。

・ふだんから、好奇心のアンテナを研《と》ぎ澄ませている

- 寄り道や遠回りをいとわないどころか、積極的にする
- 考えるよりも先に歩き出す
- 些細なことにも感動でき、ハマることができる
- 物事を楽観的に考えられる

この5つの特徴を備えている人を歴史上の人物で探すとすると、たとえば幕末の志士・坂本龍馬。現代ならアップル社の創業者、スティーブ・ジョブズが当てはまるかもしれません。

もしあなたが「ミーハー」といわれるような人なら、この5つの特徴がどれもそれなりに備わっているのでは？　それに磨きをかければ、あなたも坂本龍馬やスティーブ・ジョブズのように時代を動かす人に近づけるかもしれませんよ。

今、ユーチューバーとして活躍している人たちのほとんどは、いわば超がつくほどのミーハーな人たち、超がつくほどのネオフィリアな人たちです。

ミーハーも極めれば、侮《あなど》れない力になるということです。

頭をスッキリさせる

↓「話しかけるつもり音読」で活性化！

歴史ドラマを見ていると、侍《さむらい》の子どもたちが「し、のたまわく～」とかって音読をするシーンがよく出てきます。

昔の子どもたちが論語とか難しい読み物を暗記できるのは、音読の効果があったりするのでしょうか？

昔から「音読は勉強にいい！」といわれていますが、その効果が確かにあることは心理学的にも脳科学的にも証明されています。

音読の良さは、とりわけインプット（認識する）とアウトプット（表現する）を同時に行なうことができるという点にあります。そしてその分、脳の血流を増加させ、劇的に脳を活性化する効果があるというのです。

文字を読みながら声に出すことによって、3つの感覚器官が使われます。それは視覚、聴覚、体性感覚（ノドやアゴ、顔の筋肉）の3つ。

私たちが単にテキストを黙読しているときは、視覚だけしか使っていません。そのため目は文字を追っているけれど、考えていることは別のこと、といったこともあります。

けれど、耳から自分の声が入ってくると、そうはいかなくなります。

視覚も聴覚も使わなければならない上に、滑舌《かつぜつ》を良くする必要があるので、他のことを考える余裕がなくなります。それだけに、読書や勉強にしっかり集中することができるというわけです。

この効果が得られるのは、何も学生だけではありません。大人にも作用します。いや、大人こそ、この効果が必要かもしれませんね。

音読は頭の回転を早くする作用があるので、高齢者の記憶力向上や認知症の予防、症状の改善策にもなるからです。

さらに、音読をすれば舌やアゴの筋肉を鍛《きた》えることになり、会話がスムーズになるといった、コミュニケーション能力を高める効果までもがあります。

いいことずくめなのです。

音読をするのなら、おすすめしたいテクニックがあります。

それが『話しかけるつもり音読』です。カナダのモントリオール大学の研究者が編み出したメソッドで、「**人に向かって音読すると記憶に定着しやすい**」ことを実験で証明したものです（2015年）。

実験は、学生たちに単語の暗記をしてもらうというもの。その際、学生たちは以下の4つのグループに分けられました。

A　頭の中で暗唱《あんしょう》
B　口を動かすが、声に出さない
C　声に出して音読
D　人に向かって音読

その後で全員に単語テストをしたところ、結果は「人に向かって音読」グループの圧勝でした。2番手が「音読」グループで、3番目は「口だけ動かした」グループ、そして最下位が「頭の中で暗唱」グループでした。

「人に向かって音読」することで、より脳の広いエリアが活性化する。だから、暗記力も高まるというんですね。しかも、この効果は実際に相手がいなくても、「話しかけるつもり」で音読するだけで発揮されることがわかりました。

音読の効果を高めたいのなら、ぜひこの『話しかけるつもり音読』を実行することをおすすめします。

自分の「本心」に忠実になる

↓フロイトがおしえる「好き！」の伝え方

友人から「私たち、親友だもんねぇ」と言われるたびに、笑顔がこわばってしまいます。というのも、実は本音では彼女のことを重荷に感じているからです。

こんな私って心がひねくれているんでしょうか？

あなたは、恋心を抱いてしまった相手に、次のような態度をとった経験はないでしょうか。

「話しかけられても、気づかないふりをして無視してしまった」
「その人の前で、わざわざ別の異性のことを話題に出してほめてしまった」
「飲み会で隣の席に座《すわ》っていながら、他の人とばかりしゃべっていた」

こんなふうに、好きなのに逆に相手を避けるような態度をとることを、心理学では『反動形成《はんどうけいせい》』と呼んでいます。

これは、フロイトが提唱した防衛機制《ぼうえいきせい》のうちの一つで、人って**自分の本心を隠すために本心とは逆の行動をとってしまうことがある**のです。

こうした言動をとるのは、だいたい心が守りに入っているとき。

自分の気持ちを表現するのが恥ずかしかったり、もし相手に自分の気持ちが伝わったらいい関係が壊《こわ》れてしまうんじゃないか、といった不安があるときです。

好きだという**気持ちをどう表現していいかわからずに、自分の感情を持て余してしまう**のですね。人を恋するのに不慣れだった頃、たとえば初恋の相手などにはこの反動形成がよく起こります。
あなたにも心当たりがあるのでは？

この心理は、相手に思いを寄せているときだけでなく、相手を本心では嫌っているとき、敬遠したいときにも働きます。

本当は嫌いなのに、とても親しく振る舞ったり、妙にお世辞《せじ》を言ったり、過剰なまでに尊敬の念を示したり……。

職場の人間関係やプライベートな友人との間でも、「あの人は苦手だけど、それが相手や周りにバレると、自分の立場が悪くなる」といった気持ちから、相手に親切にしたり、優しくしたりといった行動に出ることがあります。

そんなふうに苦手な上司や友人にお世辞を言ったり、過度な尊敬や友愛の情を示すといった行動をとるのは、まさに反動形成の表われです。

今回のお悩みの例のように、「一番仲のいい友達としてつき合っていた相手が、実は一番苦手な人だった」などということが起こるのも、反動形成のなせるワザ。反動形成は、自分の本心と素直に向き合えないときに起きるもの。向き合えないのは自分に自信がないことも原因の一つ。

心の中の反動形成をなんとか修正したいのなら、**自分の本心と、それを否定したり、抑圧《よくあつ》したりしてしまう思い込みに気づく**ことが大切です。

なぜ本心を認めたくないのか。

その理由がわかっていて、そんな自分を許すことができれば、「そんな関係でも、うまく折り合えるのならそれでいいじゃない」と思えて、自分の気持ちの置きどころも見えてくるはずです。

いつもと違う発想をしてみたい
↓こんな「決めつけ」をやめてみればいい

女の先輩に関する悩み事です。

その先輩は「あんたってホントにA型ね」と相手のことをすべて血液型で判断してしまうんです。

あの決めつけ、いったいどういう了見《りょうけん》なんでしょう。

「ステレオタイプ」という言葉を、皆さんは耳にしたことがあるはず。

ステレオタイプとは、社会や集団の中に当たり前のように浸透している先入観や型にはまった物の見方、思い込み、認識などのことを指す言葉です。

「A型は几帳面《きちょうめん》でスジを通したがる」

「O型は勝気だけどあきらめるのも早い」

「B型はマイペースで考え方がアバウト」

「AB型は個性的で合理主義者」

こういった血液型による類型的な性格判断も、ステレオタイプな考え方の一つかもしれませんね。

このようなステレオタイプな思考は、根拠のあるなしを別にすると、取り立てて悪いことばかりではありません。

さまざまな情報が飛び込んでくる脳は、四六時中フル回転しています。いちいちそれらの情報を吟味《ぎんみ》して、順序立てて整理して判断を下していては疲れてしまいます。それだけでなく、判断するのにも時間がかかってしまいます。

特に、初対面の人がどんな相手かを判断するには時間がかかります。

そんなとき、「A型の人は几帳面な人が多いから、説明は丁寧《ていねい》にしておこう」と考えれば、相手を判断する指標ができますし、どんな人にも几帳面な一面はありますから、その判断は間違いとはいえません。

そして、それ以上考えなくて済むので、脳を疲れさせることもありません。

ステレオタイプな思考法は、とても効率的なのです。

お悩みの例の先輩女性も、だからついつい血液型で相手を判断してしまうのでしょうね。


もともと人は、自分が理解できる相手を好む生き物です。ステレオタイプな思考は、ある意味〝相手を理解しやすくするモノサシ〟のようなもの。それで**相手を判断し理解することで、人は安心する**のです。

その一方で、この考え方は、対象となる人や物を過剰に単純化し、相手が本来持っているであろう性質や独自性を省《はぶ》いてしまいがちです。

相手のことが血液型ですべてわかるわけではありませんし、まったく見当違いな判断をしてしまう場合だってあります。

A型の人にもおおざっぱな人はいますし、几帳面なB型の人も大勢いますものね。証言者の不満の原因もそこにあるのでしょう。

そのために相手を誤解したまま否定的な評価や感情を持ち、差別や偏見を抱いてしまうこともあります。ステレオタイプな思考は危険性も秘めているのです。

テレビのワイドショーなどでは、大衆に迎合してややもするとステレオタイプな判断で、何か事を起こした有名人をこぞってバッシングすることがあります。

自分に関係ない話のときにはいいかもしれませんが、もし自分が当事者になると思ったらゾッとしますよね。

ステレオタイプな思考は便利で効率的ではあるものの、時として誤解や不幸を生み出すことがあることを頭の隅に置いておきたいものです。そして、ステレオタイプな思考に陥《おちい》らず、常に本質を見極める洞察力《どうさつりょく》を身につけたいものですね。

気持ちが若くなる

↓「20年前の自分」になりきってみると……

歳《とし》のせいか、気力・体力の落ち込みをとみに感じる今日この頃。この分だと定年までもつか、心配になるほどです。

このお悩みのように、年齢による気力・体力の低下を感じる方は多いことでしょう。でも、その一方で年齢を感じさせないほどフットワークも軽く生き生きと仕事に従事している熟年世代の方もいます。

さて、その差はどこにあるのでしょう。

ハーバード大学の心理学教授エレン・ランガー博士が、自身の著書『「老い」に負けない生き方』の中でその差がどこから生まれるかを開陳《かいちん》しているので、ご紹介しましょう。

博士とそのスタッフは、１９７９年のある日、新聞にこんな募集記事を載せました。

「田舎《いなか》の家で1週間のんびり過ごし、思い出話に花を咲かせてみませんか？」

応募者から選抜された参加者は16名、全員が75歳の男性でした。

当初、参加者たちはその目的は知らされず、単に1週間合宿所で暮らすということしか教えられていませんでした。課題を与えられたのは、リビングルームに全員がそろってからのこと。博士はこう切り出したのです。

「これから1週間、今が1959年であると思って生活してください」

つまり、20年前（55歳）に戻ったつもりで生活するように指示されたのです。その生活を実現するために、当時流行《はや》った服が用意され、全員にそれぞれの20年前の顔写真の入った身分証明カードも配られました。

生活する空間も20年前に戻ったようなインテリア、そして家電製品も旧式のテレビやラジオが配置されていました。本棚に置かれた本や雑誌も当時のものです。参加者たちは、まるでドラえもんにタイムマシンで20年前の世界に連れてこられたような状態になったのです。そんな空間の中で1週間、参加者はお互いに当時を振り返りながら、自分が20歳若返ったつもりで生活を送りました。

果たして1週間後、彼らにはどんな変化が起きたでしょう。

なんとほとんどの参加者が、身体の柔軟性が明らかに増し、姿勢がよくなり、握力もずっと強くなったというのです。また、視力が平均して10％近く改善し、記憶力も向上したといいます。つまり、「**若いと思い込むことが、人間の肉体をも若返らせる**」という驚くべき結果となったのです。

この結果から、ランガー博士はこう結論づけました。

「私たちの限界を決めているのは肉体そのものではなく、むしろ頭の中身のほうなのです。いつまでも若々しく健康でいたいなら、自分で自分の限界を決めつけてしまわないようにすることです」

確かに私たちは、「もう若くないから」「もう歳だから」と自分で自分を余計に老《ふ》け込ませているのかも。そういう言葉が口ぐせになっている人は、まずその言葉を封印しましょう。

そして、「まだ老け込む歳じゃない」「人生に定年はない」と自分に思い込ませましょう。実際、バリバリ生き生きと仕事をこなす熟年世代の方もきっとそう信じて仕事をなさっているはずですから。

2章

1秒で不安を取り除く

——「イラッ」「ドキッ」「モヤッ」から解放されるには

ド緊張から抜け出す

↓「おまじない」「縁起かつぎ」を徹底する

極度のあがり症の私に上司が「そんなときは、人という字を手のひらに書いてのみ込め」とアドバイスをくれましたが、そんなおまじないが果たして効くものでしょうか。疑問でなりません。

「キットカット」という商品名のお菓子が、受験生にもてはやされたことがありました。キットカットという音の響きが「きっと勝つ」に似ているところから、それを食べればおまじない効果で緊張がほぐれ、受験にも打ち勝つことができるという噂《うわさ》が広まったからです。

人前でのスピーチやプレゼンなど緊張する場面で、人という字を手のひらに書いてのみ込む。それも緊張をほぐす、定番のおまじないの一つ。定番ということは、それだけ多くの人に認知されているということでもありますね。

ことほど左様《さよう》に、人は「おまじない」や「縁起かつぎ」に運命をゆだねたくなる瞬間があるようです。中には、幸運のお守りを身につけて、運気をアップさせようとする人もいることでしょう。

でも、それって本当に効果があるのでしょうか。

実は、「意外と効果がある!」ということが心理実験で確かめられているのです。

実験を行なったのは、ドイツのケルン大学研究チーム。

まず、実験の参加者にやってもらったのはパターゴルフでした。

その際、半数の人には、「あなたの打つボールはラッキーボールです」と知らせました。すると、それを聞いた参加者は10球のうち平均で7球近くをカップインさせたのです。

同じことを残りの半数の人たちは何も告げられずに行ないました。すると、カップインする成功率が5割以下に減ってしまったというのです。

つまり、**ラッキーボールだと知らされただけで、20%も成功率が上がったということ**。


また、トランプ遊びの『神経衰弱』に似たゲームをやってもらった実験では、ラッキーアイテムを持っている人のほうが、持っていない人より30%も記憶力が良かったという結果が出たそうです。

たかが2、3割と思う人がいるかもしれませんが、いざというときの2、3割の違いは結果に大きな差が出ることがあります。馬鹿にはできません。

他にも、実験に協力してくれた人たちに「あなたのために幸運を祈ります」と、指をクロスするマークを見せたところ、それだけでそのグループの仕事の効率が上がったという実験結果も報告されています。

そうしたプラスの効果が生じるのは、まさに『自己暗示』のなせるワザ。

でも自己暗示は、プラスにもマイナスにも働きます。

「ただの気休め」「子どもだまし」「効果はない」などと疑っていると、効果は減《げん》じるどころかなくなってしまいますし、マイナスに働くことだってあります。

ですから、おまじないや縁起かつぎは、その効果を素直に受け入れることが大切。**受け入れるだけでなく、まずは信じること。その気持ちが強ければ強いほど、効果も強くなります。**

まさしく、信じる人こそが救われるのです。それをお忘れなく。

クヨクヨから抜け出す

↓手と口を「清める」と効果アリ

私の欠点は、自分が決めたことに自信が持てなくてクヨクヨしてしまうことです。なので、何を決めるのもついつい遅くなって周囲に迷惑をかけてしまいがち。

この悩みを克服する方法ってないものでしょうか？

たとえば、私たちが服を買うとき、高価な服を買う場合はなおのこと、できるだけ念入りに選んで、より良いものを買おうとしますよね。

予算を頭に入れ、その範囲内で最高のものを買うべく比較検討し、用途に合うか、他店にベターなものがないかなども確かめて、やっと購入に至ります。

そこまでして最高のものを手にしたはずなのに、私たちはしばしば「思ったより良くなかった」「もっと安く買えたかも」「他の服のほうが良かったなぁ」などと思い悩むことがよくあります。

これは、選択肢が豊かすぎる現代ならではの悩みなのかもしれません。選択肢が増えることは良いことなのに、**その自由さゆえに現代人は過剰なストレスを抱え込み、選択肢の呪縛《じゅばく》にはまり込んでしまう**のです。

そんな、自分で決めたことに頭を悩ませてしまう人のことを、心理学者バリー・シュワルツは『マキシマイザー』と名づけました。

一方、手にした結果に一応満足してしまえる人のことは『サティスファイサー』と命名しました。さて、あなたは自分をマキシマイザータイプだと思いますか？　それともサティスファイサータイプだと思いますか？

どちらのタイプがいいというわけではありませんが、ストレスを溜めにくいのは後者のサティスファイサータイプだと思われます。

シュワルツ博士も、自著『なぜ選ぶたびに後悔するのか――「選択の自由」の落とし穴』で、選択肢が多くなりすぎるとあまり幸せにならないという意外なようでうなずける事実を、昨今の心理学の成果をもとに明快に示してくれています。

服選びに限らず、仕事というのはある意味決断の連続です。そのたびに、「ああ、あっちにしておけば良かった」「失敗したぁ」と後悔していては、神経はすり減るばかり。精神衛生上よろしくないことは明らかです。

この文章を読んで、「自分にはマキシマイザーの傾向があるかも」と思った方、クヨクヨしないためのちょっとしたコツがあるのでご紹介しましょう。

自分の決断に自信が持てなくて、クヨクヨしてしまったり、モヤモヤしたものが取れない場合は、洗面所へ行ってしっかり手を洗いましょう。石鹸《せっけん》のアワと一緒に、モヤモヤも排水口に流れていってくれるはずですから。

「えーっ、そんなことぐらいでクヨクヨしなくなるの?」と、眉《まゆ》をひそめる方がいらっしゃるかもしれませんが、これは心理実験でも確かめられている事実です。

ミシガン大学の心理学グループの研究によるものなのですが、**何かの意思決定を行なった後に手を洗うと、自分の決断に自信が持てるようになる**ことが実験で証明されたのです。

そういえば、神道では邪念を払い、心を清めるために〝みそぎ〟と称して、滝《たき》行《ぎょう》などを行なうことがあります。滝行とまでいかなくても、神社やお寺でも拝む前に手と口を清めます。すると、なんとなく心身共に清められ、気持ちが改まったような気がするものです。

そうした風習は、単なる儀式というだけでなく、私たちの思考や意識に実質的な変化をもたらしてくれるのですね。

それと同じような効果が洗面所で手を洗うという行為でも得られるということ。もし、自分のした決断に迷いを覚えたときは、一度試してみてはいかがでしょう。

「イヤな予感」に負けない

↓「気にしない」ようにするとドツボに!?

ゴルフで池ポチャしそうなイヤな予感がすると、ボールは必ず池へ。また、上司の雷が落ちそうなイヤな予感も必ずといっていいほど当たります。

良い予感はなかなか当たらないのに不思議でなりません。

イヤな予感はなぜか当たるというのは、多くの人が体験する心理現象です。

「彼氏が浮気してるかも」

「職場の同僚から陰口を言われているのではないだろうか」

「大切にしていた茶碗《ちゃわん》が割れた。何か悪いことが起こるのではないか」

そうしたイヤな予感は、自分が元々抱いている不安から生まれます。

未来を予測することは、生物の中では脳が発達した人類だけが持つ能力ですが、予測の元になるのは、私たちが今まで経験したことや見聞きしたもの。つまり「記憶」です。

実は、その記憶が問題。**人は良いことよりも悪いことのほうが、そしてインパクトの強いことほどイメージとして残りやすく、記憶に残りやすい**からです。記憶にバイアス（偏《かたよ》りや思い込み）がかかるのです。

たとえば、「飛行機と車、どちらが危険だと思いますか？」といった質問をすると、多くの人は飛行機のほうが危険だと直感的に答えてしまいがちです。統計的にみると事故の確率が高いのは明らかに車なのに、です。

というのも、日常茶飯事《さはんじ》に起こる車の事故より、回数は少なくてもインパクトのある飛行機事故のほうが記憶に強く刻まれてしまっているから。

同様に、ふと過去の思い出したくもない記憶が蘇《よみがえ》ってきて頭を掻《か》きむしりたくなるのも、ツラい思い出のほうが楽しい思い出よりインパクトが強いからです。

だから良い予感よりもイヤな予感のほうが頭に浮かぶのでしょう。


また、私たちには心に浮かんだ予感と現実とを一致させようとする心理が働きます。心理学用語に『自己成就《じょうじゅ》的予言』というものがあります。自分で「こうなるのではないか」と思って行動していると、実際にその予言が現実のものとして成就してしまう現象をいいます。

たとえば、人前で話すのが苦手だと思っている人は、人前に出ると緊張してしまうことが多いもの。だから「今回もうまくしゃべれないかも」というイヤな予感を自分で実現させてしまうことになるのです。そのせいでイヤな予感は余計に当たりやすくなるのです。

では、どうやったらイヤな予感の現実化を防ぐことができるのでしょうか。

実は、イヤな予感がしたときこそが防ぐチャンスなのです。というのも、その予感は心が発する貴重なシグナルであり、無視することはできないものだからです。それを「気にしない、気にしない」と忘れようとすると、貴重なタイミングを逃すだけでなく、現実化を促進することになります。

イヤな予感がしたときは、それについて対策を考えろという合図なのです。受け身になって忘れようとするのではなく、積極的に行動を起こすべきときだということ。

たとえば、「会議でのプレゼンを失敗しそう」という予感がするのなら、もう一度リハーサルをすればいいのです。ゴルフで池ポチャしそうだと思ったら、一度間合いを外して深呼吸をしましょう。一緒にプレーする人にアドバイスをもらうのもいいですね。失敗したらその人のせいだと思うと気がラクになりますから。

イヤな予感がしたときこそが、現実化を防ぐチャンスだということ。それをくれぐれもお忘れなく。

「溜まった思い」を吐き出す

↓「紙とペン」の力を借りればいい

このところストレス過多の状態です。

週一でスポーツクラブに通ってはいますが、それだけじゃストレス解消は無理。

手軽にできるストレス解消法ってないものでしょうか。

日本は今、未曾有《みぞう》のストレス社会。

過度なストレスは心や身体に症状として表われます。頭痛、めまい、アレルギー、高血圧、胃痛、下痢、便秘、腰痛、うつ病、不安神経症などなど、数え上げたらキリがありません。

できることなら、溜め込まずに逐一《ちくいち》、早めにストレス解消したいものです。

そこで、「今すぐにでもストレスを解消したい！」という人におすすめの手軽にできる解消法を一つご紹介しましょう。

あなたがすることは、「イヤなこと」や「ツラいこと」などのネガティブな思いや考えを紙に書いて、その紙をビリビリに破ってゴミ箱に捨てるだけ。それで、書いたことに関するストレスをかなり解消できます。

「エッ。たったそれだけで？」と思うかもしれませんが、これはオハイオ州立大学のリチャード・ペティ教授とスペインのマドリッド自治大学の研究者との共同研究で、その効果が実証されているのです（2012年）。

教授たちは、83人の学生たちに対して「自分の体のイヤなところを紙に書き出してください」という指示を出しました。

その上で、その紙をビリビリに破り捨てるグループと、そのままにするグループに分けたところ、紙を破り捨てたグループは自分にポジティブな評価を下すようになり、自分の体のことでストレスを感じることも少なくなったとのこと。

頭の中で思ったり、考えていることを紙に書くという行為は、『筆記開示《ひっきかいじ》』と呼ばれ、それだけでもストレス解消になることが知られています。**それを破ってゴミ箱に捨てることで、あたかもストレスが消え去ったと脳が錯覚《さっかく》してしまう**というのです。

つまり、脳の錯覚を利用してストレス耐性を高めようというものなのです。

もちろんゴミ箱に捨てても、ストレスが完全に消えるわけではありません。時には書いたものを思い出すこともあるでしょう。

けれど、ゴミ箱に捨てたという事実を脳は覚えているため、この行為を続けることで徐々にネガティブな思いや考えが頭に浮かびにくくなっていき、結果としてストレスも解消されていくのだといいます。

研究によると、ネガティブなことを書き出す時間は2~3分でかまわないのだとか。内容はひと言でも長文でもよく、とにかく今感じている気持ちをストレートに言葉にすることが大切。

紙はノートでもメモ帳でも、包装紙の裏でもかまいません。

とにかく、自宅でも仕事場でも、はたまた喫茶店でも、紙とペンさえあればいつでも誰でもできる手軽なストレス解消法なので、騙《だま》されたと思って一度試してみてはいかがでしょう。

「気が重いこと」に取り組める

↓「夜更かし」をやめるだけで解決するかも

私の悩みは、すぐに勉強を始められないこと。スマホをチェックしたり、机の上を片づけ始めたり、グズグズしているうちに時間ばかりが過ぎてしまいます。

この性格、なんとかならないものでしょうか。

試験の日や締め切り日が迫っているのがわかっているのに、なかなか取りかかろうとせず、別のことをして時間をつぶしてしまったという経験をしていない人のほうが珍しいかもしれません。

そのせいか、ちゃんと心理学用語も用意されています。それが『先延《さきの》ばし（PCN）症候群』というもの。

PCNはプロクラスティネーション（Procrastination）の略語です。どうでもいいことを優先し、本来しなければならないことを後回しにしてしまうことを「プロクラスティネーション＝先延ばし行動」と呼ぶのです。

同じような意味の言葉に『学生症候群』というものがあります。夏休みの宿題になかなか取りかかれない学生を指したものです。

8月も末の末になってやっと重い腰を上げたという経験をお持ちの方も、読者の中には少なからずいらっしゃるはず。何を隠そう筆者もそうでしたし、現在も相変わらずです。

タイムマネジメントの専門家リタ・エメットさんはその著書『いまやろうと思ってたのに……かならず直る――そのグズな習慣』の中でこう主張しています。

「仕事を先延ばしにすると、すぐに片づけるよりも倍の時間とエネルギーを要する」

これも誰もが実感することではないでしょうか。わかっちゃいるんですけどね。でも、そうしたプロクラスティネイター（あれこれ理由をつけては物事を先延ばしする人）に、気になる研究があるのでご紹介します。

物事を先延ばしにするくせのある人は不眠になることが多い、というのです。イスラエルの睡眠研究者イラナ・S・ヘアストン博士は、598人の被験者を対象にした研究の結果、こう述べています（2016年）。

「物事を先延ばしにする人は、就寝時に、終わらせておくべきだったのに終わっていない物事についてぐるぐる考えて寝つけなくなるケースが多い」

また、朝型の人と夜型の人を比較したところ、**朝型の人は夜型の人に比べて物事を先延ばしにする傾向が低く、睡眠の問題も少ない**という結果になったのだそうです。

一方、夜型の人の場合はその逆の傾向が見られました。

夜型の人には自制心に乏《とぼ》しい人が多く、それゆえに計画的に物事を行なうのが苦手な傾向があるというのです。そして、それが物事を先延ばしにする原因にもなっていると指摘しています。

さらに、夜型の人は遅い時間になってやるべきことを始めがちで、それについて後悔することが多く、それがさらに物事の完成を遅らせる結果にもなるというのです。

もしあなたが夜更《よふ》かしタイプで、物事を先延ばしにしがちで、しかも不眠症に悩んでいるとしたら、朝型人間になることを真剣に考えたほうがいいかもしれませんね。

「明日の重圧」をラクにする
↓右脳と左脳、片方だけ使いすぎている？

『サザエさん症候群』って言葉がありますが、私も明日が月曜日だと思うと憂《ゆう》うつになります。このウツウツとした気分を切り替える方法ってないものでしょうか。

日曜日の夕方になると憂うつ感に襲われる……。そんな気持ちは、たぶんほとんどの人が抱いたことがあると思います。

日本では『サザエさん症候群』という言葉まで生まれましたが、欧米にも同じ意味で『ブルーマンデー』という言葉がありますから、月曜日を憂うつに思う気持ちは洋の東西を問わないようですね。

まあ、好きなように時間を使える休みモードから勉強モード・仕事モードに切り替えなければならないのですから、多少の憂うつを感じるのは人間として自然な感情だといえます。

ただ、憂うつな気分になるだけならまだしも、中には、「月曜日は目覚めが悪い」「だるい」と、体調の悪さを訴える人もいます。

なぜ、体調まですぐれなくなってしまうのでしょう。

それは「時差ボケ」と似た症状なのかもしれません。というのも、週末に寝だめをしてしまうと、時差ボケ状態になりやすくなるからです。

時差ボケとは、体内時計と睡眠時間帯がズレてしまう現象です。

『ソーシャル・ジェットラグ（社会的時差ボケ）』という言葉があります。平日の睡眠不足を取り戻すために週末に寝だめをすると、体内時計が誤作動を起こして、まるで海外旅行で経験する時差ボケのような状態になってしまうのです。

月曜日の朝がだるい、体調がすぐれないという人は、ソーシャル・ジェットラグを起こさないためにも、極端な夜更かしや朝寝坊は控えたほうがいいかもしれません。

それでも、休日ぐらいは自由に過ごしたいというのであれば、右脳と左脳の切り替えを行なうことをおすすめします。

実は、「明日は月曜日かぁ、憂うつだなぁ」と考えているときは、人の脳は左脳が優勢になっています。左脳ばかり使っているんですね。

人の脳は左脳と右脳がバランスよく使われるほど快適に働きます。どちらかに偏ると、能力的にもダウンしますし、気分も下がります。

左脳が優勢になっているとしたら、逆の右脳を活性化させればバランスがとれます。

右脳を活性化させるのにてっとり早いのは、身体を動かすことです。

散歩をしたり、軽くランニングをしたりするのもいいですし、料理をしたり、楽器を弾《ひ》いたりなど手を動かす作業も効果的。そのうち憂うつな気分も晴れてくることでしょう。

また、『ツァイガルニク効果』を活用するという方法も考えられます。ツァイガルニク効果とは、始めた作業を完了させずに中途半端なままで終わらせると、そのことが気になって気になって仕方がなくなってしまう現象をいいます。

この効果を利用して、**金曜日にわざと中途半端なまま仕事や作業を中断しておく**のです。すると、「月曜日に出社したら、朝一番で例の仕事を終わらせなくっちゃな」という気持ちが高まり、月曜日が逆に待ち遠しくなるというわけです。

ただし、なかなか完了させられない作業を月曜日に残しておくと逆効果。ますます月曜日がくるのが憂うつになりますから、将棋でいうなら「あと数手で王手」といった状態にしておくのがコツでしょうか。

3章

1秒でピンチを切り抜ける

――いちいち焦らなくても大丈夫

「久しぶり」に会った人に対して
↓「名前が出てこない」を防ぐには

歳のせいか、なかなか人の名前が覚えられません。時には、よく会う人なのになかなか名前が出てこないこともあります。

なんとか覚える手立てはないものでしょうか？

名前が出てこないのは、「年齢と共に記憶力が低下するから」と思い込んでいる人が多いものです。

でも、最近の研究では、年齢と記憶力の低下はあまり関係ないといわれています。

実は、**「歳をとったら物覚えが悪くなる」という思い込みこそが、物を覚えようとすることを妨《さまた》げている**ようなのです。思い込みがあるので、脳が覚えようとしてくれないのです。

つまり、名前が出てこないのを歳のせいにして、覚えようとする努力を怠《おこた》ってしまうのが名前を覚えられない原因だということ。

では、どう努力すれば覚えられるのでしょう。

アメリカの心理学者ケネス・ヒグビーが、記憶を脳に定着させるための方法を7つ、理論として提唱しています（2008年）。これらを意識するとかなり効果はありそうです。

①有意味化

なぜ名前が思い出せないかというと、名前自体は何も意味を持たないから。つまり、意味を持たせれば思い出しやすくなるということ。たとえば、「藤原」なら「大化改新の立て役者の、あの藤原さん」と意味を持たせるのです。

②組織化

バラバラな情報や知識より、ルールにのっとってまとめたり、系統立てたほうが覚えやすいもの。クイズの得意な人はこの方法で、たとえば、「徳川将軍家の15人」「日本人宇宙飛行士」のようにインデックスをつくって、まとめて覚えてしまいます。

③連想

新しい知識だけを覚えるより、すでに知っている知識と組み合わせたほうが覚えやすいもの。政治家には世襲《せしゅう》議員が多いので、この方法が活用できるかも。

④視覚化

人間の脳は、文字より映像のほうが記憶に残りやすいようにできています。

「斉藤」なら「『斉藤さんだぞ』とギャクを飛ばす芸人さん」と視覚化しましょう。

⑤注意

注意を向けた対象は覚えやすいもの。「会議で大ボケをかました○○さん」などと、注目したエピソードと一緒に覚えるのもいいかもしれません。

⑥興味

興味のあること、好きなことは覚えやすいもの。好きになった人の名前ならすぐに覚えますし、忘れませんものね。

⑦フィードバック

名前を覚えられないのは自己紹介の際に一度しか耳にしないのも理由の一つ。覚えたいのなら、その人と会話をするたびに何度も名前を呼んで頭に刻みつけましょう。

この『ヒグビーの理論』、「言われてみればそうだよね」というものばかりですが、物は試し、実践しやすいものから試してみてはいかがでしょう。

「老害」に対峙する

↓過去の思い出は「盛りがち」が当たり前

うちの上司は、何かにつけて「昔は良かった」とグチをこぼし、「原点回帰しようぜ」とハッパをかけてきます。

そんなに昔って良かったんでしょうか？

「昔は面白かった。みんな個性の塊《かたまり》みたいなヤツばかりだったし」

「昔は良かった。それに引き替え、今はなぁ……」

過去を懐《なつ》かしむとき、よく口を衝《つ》いて出るのがこのような言葉。

多くの人が、過去のほうがいろいろな意味で今より幸せだったと思うようです。

でも、果たして本当にそうなのでしょうか。


聞き慣れない言葉だとは思いますが、『薔薇色《ばらいろ》の回顧《かいこ》』という心理用語があります。これは認知バイアス（人間の誰もが持つ「思考の偏り」のこと）の一つで、文字どおり、**過去のことを当時考えていたよりも美化して、まるでそれらが薔薇色だったかのように思い出す**ことをいいます。

あなたも若い頃のまぶしい日々を思い出すと、「確かに昔は自分も輝いていたなぁ」と思い出に浸《ひた》ってしまうのではないでしょうか。

過去の記憶が美しく飾られるのには、次のような理由が考えられます。

◆人は、過去の悪い出来事や思い出は無意識に忘れようとしがち。そのため、相対的に良い印象の記憶が残りやすい。それに比べて今は、良いことと悪いことが同時に起きているので、結果として昔のほうが良かったように感じてしまう。

◆昔の自分と今の自分を比較すれば、当然昔のほうが若く輝いていた。それと同じように、自分が若かったその時代も輝いていたと錯覚してしまう。

◆人は、自分が過去にしてきた選択や意思決定を肯定《こうてい》したい。間違っていたとは思いたくない。そのため、過去のことは良いほうに意味づけしてしまう。

もちろん、実際にも当時のほうが良かったことも多々あったことでしょう。でも、すべてがそうかといえば、そんなことはないはず。

過去を美化しすぎて、「原点回帰で昔のやり方を復活させよう」などと言い出すと、現代の時流に合わずに失敗することもあります。条件がそろっていない形だけの原点回帰は〝百害あって一利なし〟になりかねないものです。

また、「昔はこれくらいで休むヤツはいなかったぞ！」などとハッパをかけすぎると、このご時世、パワハラにもなりかねないので、上に立つ人間は注意が必要です。


最近は、**自撮りした写真を〝盛る（加工・修正する）〟ことは当たり前になっていますが、過去の思い出も同じように〝盛っている〟**のです。

両者の違いは、自撮り写真が意識的にやっているのに対して、過去の思い出は本人が気づかないうちにやっているという点。

そのことを、『薔薇色の回顧』という言葉と共に、上司にも笑い話として伝えてみてはいかがでしょう。

イヤな空気を払いのける

↓「自分のせいではない」と気づけばいい

人事異動で上司が変わってからというもの、それまで明るかった職場が一気に暗くなり、居心地が悪くなりました。業績も落ち始めています。転職も考えてしまうほどで、どうしたらいいものかと悩んでいます。

職場の雰囲気は、そこをまとめる人によってずいぶん変わってしまうものです。
上司がいつもにこやかで包容力のある人だと、職場の雰囲気が明るくなります。でも、神経質でいつもピリピリイライラしている人が上司だと、職場全体がピリピリギスギスしてしまいます。**人の情動は感染しやすい**のです。

それを心理学では『情動感染《じょうどうかんせん》』と呼んでいます。これは、人は周りの人の感情に影響を受けやすいことを表わした言葉です。

一緒にいる人が楽しそうに笑っていると、こちらも楽しくなってくるし、仲間が泣いているとこちらも悲しくなるという現象が起きるということ。

特に、集団内では、誰か一人の気持ち・感情の高ぶりが、どんどん周りに波及していくことがわかっています。

なぜそんな現象が起こるのでしょう。

それには、私たちの脳内にある「ミラーニューロン」が関係しているという研究があります。

私たちの脳の中には、ミラーニューロンという「ミラー（鏡）のように人の行動をマネする」神経細胞があるのです。イタリアの脳科学者によって発見（1996年）されたこの神経細胞は、**他人の姿に注目すると脳の中で自動的にその相手のマネをしてしまう**ことが知られています。

たとえば、身近な人が悲しんでいるのを見て自分まで泣きそうになった経験があるとしたら、それもミラーニューロンのなせるワザということです。

感情の感染力は、極めて強力です。しかも困ったことに楽しい気持ちよりも、ネガティブな感情のほうが感染力は強いとされています。負《ふ》の感情やストレスは、まるでウイルスのように周囲の人々へと伝わってしまうのです。

たとえ言葉を発さなくとも、上司の立場の人の無言のプレッシャーや同調圧力がチーム内に感染することで、重く苦しい雰囲気を助長してしまいます。

上司になると、たとえ自分の感情を露《あら》わにしても、誰にとがめられることもないのでセーブが効きません。部下に対して好き勝手に感情を放出してしまいがちです。

そんな上司を持つ部下は大変です。過剰に頑張って、時には燃え尽き症候群を発症したり、無気力状態になってしまう場合もあります。特に女性は「共感、共有」という能力が男性より長《た》けているがゆえに、相手の気持ちを感じすぎてしまう傾向があります。

相手の感情に自分が対応しなくてはいけない、と思ってしまうのです。そのせいで、今回のお悩みの例のように精神的に追い込まれて、転職まで考えてしまう人も出てきます。

そんな環境で身を守る最も効果的な方法、それは**負の感情が自分の中から湧き起こったものではないことに気づくこと**です。

情動感染は強力な伝播《でんぱ》力を持つウイルスのようなもの。ウイルスによって病気になっても、その人に責任はありませんよね。ウイルスが蔓延《まんえん》している場にいたことを嘆くだけです。

それと同じで、情動感染によってもたらされた重たい感情に責任を持つ必要はないということ。そう思うだけで、心の重荷を下ろせる気がしませんか。

片づけられない？　片づかない？

↓乳児期に決まっているけど……

私は片づけが苦手で、上司からいつも「デスクの上をなんとかして！」とお小言《こごと》を頂戴《ちょうだい》しています。

それはわかってるんですけど、なんでできないんでしょう？

　多くの会社では、年末になるとオフィス内を大掃除することが恒例行事になっていますよね。できることなら時節に関係なく整理整頓は心がけたいものですが、この相談者のように「片づけが苦手な人」っているものです。

　その一方で、いつもデスクの上をきれいに整理整頓している「片づけ上手な人」もいます。その違いはどこにあるのでしょう。


　そのどちらのタイプになるかは、**乳幼児期のある期間をどう乗り越えてきたかで決まる**といったら、あなたはどう思うでしょうか。

　かの有名なフロイト博士の研究によると、0歳から6歳頃までの子どもは「口《こう》唇《しん》期」、「肛門期」、「エディプス期」と呼ばれる三つの発達段階を経《へ》て成長していくとされています。

　その中で、整理整頓が身につくかどうかの重要な時期は、生後18カ月～3歳頃までの「肛門期」にあるというのです。

　この時期の乳幼児の課題の一つは、トイレの訓練。

乳幼児たちはトイレに行ってパンツを下ろすまでは排泄《はいせつ》を我慢することを覚えなくてはなりません。

実は、その時期にトイレの習慣を厳しくしつけられた人は、几帳面できれい好きな性格になり、大人になってからも部屋やデスクの上をいつもきちんと整理整頓する人になるというのです。

一方、その時期にあまりしつけられずに排泄欲求をそのまま発散していた人は、雑でいい加減な性格になり、大人になってからも部屋やデスクをいつも散らかし放題にしてしまうのだとか。

まあ、その時期をうまく乗り切れたかどうかは3歳頃までのことなので、覚えている人は皆無《かいむ》に近いのでしょうけれど、その時期の生活習慣の違いが大人になっても影響するなんて驚きですよね。

でも、今さら「片づけられないのは、親がちゃんとしつけてくれなかったからだ」と恨《うら》み言《ごと》を並べても仕方のないこと。それに、親がしつけようとしても、あなたがぐずって抵抗したからかもしれませんしね。

それに、片づけられない性格は悪いことばかりではありません。何事も大らかで、金銭感覚も緩《ゆる》やかで金払いもいいので、周囲の好感度は高いのではないでしょうか。

一方、片づけ上手な人は倹約家《けんやくか》（悪くいえばケチ）で、欲張りなところがあるので、周囲の好感度は今一つな人がいるかもしれません。

性格は表裏一体、良い面もあれば悪い面もあるということです。

それよりなにより、今がいいチャンスです。そろそろ重い腰を上げてデスク周りだけでも掃除を始めてみませんか。

「かゆみ」が気にならなくなる
↓「痛い、でも気持ちいい」ワケ

かゆいところを掻き始めたら止まらなくなりますよね。

きっと生理的なものだと思いますけど、止められないのには何か心理的な理由もあるんでしょうか？

肌のかゆみが起こる部位は、季節によって異なることがあることをご存じでしょうか。

ある医薬品メーカーが、20～50代の女性を対象に、「秋・冬にかゆくなる部位」と「春・夏にかゆくなる部位」を調査したところ、季節によって部位に違いがあることがわかったというのです。

調査によると、秋・冬は「すね」や「手・指先」がかゆくなる人が多くいました。対して春・夏は、「顔」「頭皮」「胸・胸下・胸周り」にかゆみを感じる人が多くいたというのです。

また、「背中」「腕」など、年間を通してかゆみを感じる人が多い部位もあることがわかりました。

なぜ季節によって、かゆい部位に違いが出るのか。それは湿度が関係しているようです。

秋・冬は乾燥して肌がカサカサになりがちで、春・夏は湿潤《しつじゅん》で肌はしっとりする上に汗までかきますものね。秋・冬はカサカサしやすい部位がかゆくなり、春・夏は汗をかきやすい部位がかゆくなるということなのでしょう。

かゆいところを掻き始めたら、もう止まらなくなった、という経験のある人は多いでしょう。

「掻きたい！　掻きむしりたい！」という衝動はなかなか抑えられません。

なぜ、掻き始めると止まらないのでしょう。

それは、掻くことで脳内の報酬系と呼ばれる部分が刺激されるからだといいます。そこが刺激されると、**ドーパミンやエンドルフィンといった喜びや幸せを感じさせる脳内ホルモンが分泌されるのでやめられなくなってしまう**のです。

掻けば掻くほど「痛い、でも気持ちいい」と感じるのはそのせいなのでしょう。

掻くという行為をやめられなくなることを、心理学的には『作業興奮《さぎょうこうふん》』といいます。

この言葉の名づけ親は、ドイツの精神科医エミール・クレペリン。

やり始めたら興奮して止まらなくなる心理を表わす言葉です。

幸いなことに「かゆい」という感覚は皮膚と一部の粘膜だけに起こります。内臓や頭の中など、掻くことができないところはかゆくなりません。

それは、かゆみを伝達する神経が、外界とじかに接しているところだけにあるからなのだそうです。


でも、いくら快感を覚えるからといって、あんまり掻きすぎると血がにじむこともあるのでご用心。

かゆみを抑える方法はいくつもありますが、その一つが「かゆいところを冷やす」こと。冷たいという感覚のほうが優先されるので、かゆみを感じにくくなるのです。それは、冷たい、熱いという感覚のほうが命に関わることだからなのだとか。

かゆみ止めの薬がスーッとひんやりするのも、そうした作用を利用しているんですね。

食べ物の誘惑に負けない
↓「何を食べるか」を考えればいい

私はこれまで数えきれないほど、そしてありとあらゆるダイエット法を試してきました。

でも、結局どれも成功せず。

そんな私にもできるダイエット法ってないものでしょうか。

「ダイエットを始めても、すぐに誘惑に負けてしまう」

「ダイエットは頑張っても3日と続かない」

そうした悩みを訴える人は多いものです。

なぜダイエットは続かないのでしょうか。きっと食欲に負けてしまうのでしょう。その解消法はないものでしょうか。


その方法を研究した心理学者がいます。ダニエル・ウェグナー博士がその人。

博士は、アメリカ・トリニティ大学の学生たちを被験者にして次のような実験を行ないました（1985年）。

まず、被験者をA、B、Cの3つのグループに分けて、それぞれ別の部屋に入ってもらい、シロクマの1日を追った同じ映像を見せました。

終映後、博士は各部屋をまわって、次のように指示しました。

◆Aグループの被験者には、「シロクマのことを覚えておくよう」にと指示

◆Bグループの被験者には、「シロクマのことを考えても考えなくてもいい」と指示

◆Cグループの被験者には、「シロクマのことだけは絶対に考えないでください」と指示

それからしばらくして、それぞれのグループにシロクマの映像について質問をしてみました。

すると、シロクマの映像のことを一番詳《くわ》しく覚えていたのは、「シロクマのことを絶対に考えないように」と伝えられたCグループの学生でした。

つまり、**何かを考えないようにしようとすればするほど、逆に強く意識してしまう**という皮肉な結果になったのです。

博士はそうした心理現象を『皮肉なリバウンド効果』と名づけました。

そして、「この秘密は絶対にバレないようにしないと！」と意識すればするほど口を滑《すべ》らせてしまうのも、用心しようと思えば思うほどケチャップでシャツを

汚してしまうのも、同じ効果が働くからだと考えました。

博士は、そうした皮肉なリバウンドついての解決策も提案しています。

それは「考えないようにすることをあきらめる」こと。

つまり、**頭に浮かんでくる考えをコントロールするのは不可能だという事実を受け入れること**だといいます。

「無駄な抵抗はやめなさい」ということ。そして、「これならできる」ということに意識を集中することだといいます。

ダイエット中の人には、太りそうな食べ物を禁止するより、どんなものなら食べていいのかに注目させたほうが成功するのだそうです。お試しを。

4章

1秒でイメージチェンジを図る

――ちょっとしたことで「見え方」はずいぶん変わる！

「誠実さ」が伝わるようにする

↓スマホがあっても腕時計を

時間にルーズな上にお調子者のせいか、よく「お前は誠実さのかけらもない」と言われてしまいます。

そんな性分《しょうぶん》を直す方法ってないものでしょうか。

時間といえば、最近は腕時計をしない人が増えているようです。

その大きな原因は、スマートフォンの普及にあるようです。スマートフォンが時計機能を備えているので、あえて腕時計を身につける必要がなくなってしまったのです。

腕時計の大手メーカーの調べでも、特に若年層での腕時計離れが多いのだとか。

その理由は、やはりスマートフォンの普及。そして、デジタル端末にお金を使うようになり、腕時計に使うお金が少なくなったことも挙《あ》げられています。

でも、腕時計を身につけると、時間を知ることができるだけでなく、意外なメリットがあることをご存じでしょうか。

イギリスで実証された研究によれば、**腕時計を身につけることで、「誠実さ」プラス「時間を守る」ことのできる人格が形成されやすくなる**というのです。

この研究成果は、次のような3つの調査によって導き出されました。

最初の調査では、112人の被験者に、まず綿密な性格診断テストを受けてもらいました。そして、その後で「ふだんから腕時計は身につけていますか」と尋ねてみたのです。

すると、ふだんから腕時計を身につけている人のほうが、そうでない人より性格診断テストでの「誠実さ」のポイントが高いことが確認されました。

2番目の調査では、インターネットで回答者を募《つの》り、イギリスと北米在住の638人に同じ性格診断テストや質問に加えて、携帯電話所有の有無や勤務形態についても詳しく回答してもらいました。

その結果でも、ふだんから腕時計をする派の人は「誠実さ」の項目で腕時計をしない派を上回ることが再確認されました。

3番目の実験は、90人の被験者に指定の場所に指定された時間に集まってもらうというものでしたが、こちらでも腕時計をする派の人たちは、しない派の人たちよりも時間を厳守する上に、集合時間より早めに到着する傾向があることが判明しました。

これらの結果から、腕時計をする派の人は「誠実で時間を守る人」だということが導き出されたというのです。

興味深いのは、**腕時計をしない派の人であっても、腕時計をする習慣を身につければ、「誠実さ」や「時間を守る」という診断テストの項目について、ポイントをアップできる**ことがわかったことでした。

つまり、今回の相談者がふだん腕時計をしない派だとしたら、腕時計をする習慣を身につけることで、「誠実で、時間を守る」人格を手に入れることも不可能ではないということ。

物は試しですし、あなたがすることは腕時計をする習慣を身につけるだけです。

さっそくトライしてみてはいかがでしょう。

「つまらない人」にならない

↓「しくじり効果」で魅力UP

私の悩みは、何でもそつなくこなせるけど人間的な魅力がイマイチなこと。

そつなくこなせるなら十分じゃないかといわれそうですが、これって贅沢《ぜいたく》な悩みでしょうか。

「そつがない」とは〈手抜かりがない〉〈無駄がない〉という意味に使われる言葉。

「そつのない人」は〈手際のいい人〉〈手慣れた人〉というほめ言葉にもなりますが、どこかに〈無難に立ち回る要領のいい人〉とか〈ひととおりのことはやるが、それ以上のことはやらない人〉というようなニュアンスを感じてしまう言葉でもあります。

「悩み事」を打ち明けた方も、それを自分自身で感じ取っているからこそ、「そつなくこなせる」という言葉をお使いになったのかもしれませんね。

何事もそつなくこなせるのに、「人間的な魅力が足りない」と感じてしまうのは、そうした自分に物足りなさを感じてしまうからかも。


そういう人にご紹介したい心理用語があります。

それが『しくじり効果』(Pratfall Effect)。

人って何事もそつなくこなす人よりも〝ちょっと抜けたところのある人〟に共感を抱きやすいもの。その共感はそのまま相手への好感度や魅力のアップにつながります。つまり、失敗すると、かえって人から好かれるようになるのです。

それを実験で確かめたのが、カリフォルニア大学の心理学者エリオット・アロンソンと同僚の研究者たち（1966年）。その実験とは、被験者たちに2種類の録音テープを聞いてもらうというものでした。

テープの内容は、どちらも学生が常識クイズに答えた後、自分のそれまでの履《り》歴《れき》を語るという内容でした。登場する学生はトップクラスの学歴を持つ優等生らしく、難問も軽々とクリア。正答率は9割以上という好成績でした。

ただし、片方のテープには最後にちょっとした演出がほどこされていました。学生がコーヒーカップをひっくり返して、新調したばかりのスーツを台無しにする様子が録音されていたのです。テープを聞き終わった後、被験者たちはどのくらいその学生に好感を持ったかを質問されました。

2種類のテープの違いは、コーヒーをこぼす場面があるか、ないかだけ。なのに、結果は案の定《じょう》というか、スーツを台無しにしたほうが圧倒的に好感を持たれたのです。

やはり**完璧な人より、たまにはしくじることのある人のほうに私たちはシンパシーを感じてしまう**んですね。やたらクイズに強い東大生でも、たまにヘマをする人のほうが人気があるのも、この『しくじり効果』のなせるワザでしょう。

ただし、シンパシーを感じるのにも条件があることがわかりました。

テープに登場するのがクイズの正答率が3割程度で学歴もぱっとしない学生の場合は、スーツにコーヒーをこぼしても好感度は下がる一方だったのです。

つまり『しくじり効果』が発揮されるのは、学生が有能であると評価される必要があるということ。言動にギャップがあることが大切だということなのでしょうね。

質問者はそつのない言動にかけては自信をお持ちなのですから、たまにはヘマをしてみてはいかがでしょう。たまには下手《へた》なダジャレを飛ばしてみてもいいかも。それがあなたの魅力につながるはずですから。

「時間」に強い人になる

↓「目に映るもの」を変えるだけでいい

私の悩みは時間の使い方が下手なこと。
時間をうまくコントロールできずに残業ばかり。
なんとか時間を管理できるようにならないものかと悩む日々です。

仕事を時間内にきちんと終わらせて、残業なんかせずに颯爽《さっそう》と帰る。それが現代の「仕事ができるビジネスパーソン」の典型。

ひと昔前までは、遅くまで会社に残って働くことが評価されていましたが、それは今やもう古い話です。

とはいえ、働いても働いても仕事は一向に片づかず、就業時間が過ぎていくのでため息ばかり、という人が多いのも現実。

では、山のように仕事を抱えているにもかかわらず、定時までに仕事を終わらせる人になるにはどうすればいいのでしょう。

効率よく時間を使うためには、

「やみくもに始めずに、まず計画を立てる」

「仕事に優先順位をつける」

「ゴールから逆算してスケジュールを組み立てる」

などなど、その方策はいろいろ考えられますが、そのどれもが実践するのは結構面倒です。

そこで今回は、特に意識せずに「仕事ができるビジネスパーソンになる」方法を伝授したいと思います。

それは、「**身近にある時計をデジタルではなくアナログにする**」という方法です。

コンビニの店内には必ずといっていいほど壁に時計がかかっています。しかも、長針《ちょうしん》と短針で表示するアナログ時計です。

なぜデジタルではなくアナログかというと、どれだけの時間が経過して、残り時間はどれくらいなのかを把握《はあく》するためには、アナログ式の時計のほうがデジタルのそれよりすぐれているからです。

というのも、アナログ式の時計の針は、まさに円グラフになっているから。そのため、経過時間と残り時間をひと目で、しかも直感的に把握できるのです。

一方、デジタル時計は、今の時刻を数字で表示するだけ。そのため、時刻をひと目で把握できるというメリットはある反面、肝心の時間量を感覚的にとらえにくいというデメリットがあります。

コンビニの壁にかかっている時計がアナログなのは、品出《しなだ》しで忙しい店員がひと目で時間経過を把握し、効率よく働けるようにするためなのです。

つまり、**アナログ式の時計が壁にかかっているだけで、意識せずに自然と時間の感覚が身につくようになる**のです。コンビニや多くの学校、また名の知れた企業がアナログ式の時計を採用しているのは、そのためでもあるということ。

また、心理学の実験ではアナログ時計のほうがデジタル時計よりも、人の気持ちを引き締める効果が高いという結果も出ています。

残り時間が直感的にわかるので、「あと○分でこの仕事をやり終えなければ」という緊張感が生まれ、行動や姿勢に意欲や張り合いが生まれるのです。

時間の使い方が下手で困るという人は、アナログ時計を仕事場の目に見えるところに置いておきましょう。時間を今よりはるかに上手に使いこなせるようになるはずですから。

「意志が弱い自分」に見せない

↓トロント大学の「どうにでもなれ効果」とは

私の弱点は、何事も三日坊主で終わってしまうところ。ダイエットにしても、習い事にしても長続きした試しがありません。

どうやったら根気よく続けられるようになるのでしょう。

『どうにでもなれ効果』というユニークな名前のついた心理学用語があります。命名者は、トロント大学の心理学者でダイエット研究者のジャネット・ポリヴィ博士とピーター・ハーマン博士の2人。

両博士は、ある効果を確かめるためにダイエット中の人たちに召集《しょうしゅう》をかけました。そして、集まった人たちをA、B、Cの3つのグループに分けて、次のようなミッションを果たしてもらいました。

Aグループ……何も食べない
Bグループ……カロリー高めのお菓子を少量食べる
Cグループ……カロリー高めのお菓子を満腹になるまで食べる

小休憩の後、今度は豪華な食事が用意された別の部屋に全員を連れていき、それぞれのグループの人たちがどれだけ食べるかを観察しました。

さて、最もたくさんの量を食べたのは、どのグループの人たちだったと思いますか？

それは、満腹になっていたはずのCグループの人たちでした。

そう、彼ら（彼女ら）は博士たちの指示とはいえ、ダイエット中にもかかわらず、大量のお菓子を食べてしまったので、

「ああ、自分は禁を破ってしまった。ええい、もうどうにでもなれ！」

といった**投げやりな気持ちになって、歯止めが効かなくなってしまった**のです。

これこそがまさに『どうにでもなれ効果』のなせるワザ。


一方、何も食べなかったAグループの人たちは、豪華な料理を見てもほとんど食事が進みませんでした。ダイエットをやめたわけではないので、どんなに空腹でも自制心を働かせることができたのです。

両博士は他にもこんな実験をして、『どうにでもなれ効果』を実証しています。

被験者は同じくダイエット中の人たち。その人たちには、体重を量《はか》る目的で集まってもらったのですが、体重計にはちょっと意地悪な仕掛けがほどこされてい

ました。実際よりも3キロも多く体重が表示されるようになっていたのです。

当然のことながら、体重計に乗った被験者たちは驚き、そして落ち込みました。

それはそうです。ダイエット中なのに、いつもより体重が増えているんですものね。

会場には、体重測定に協力してくれたお礼に軽食が用意されていました。それを見た被験者たちがどんな行動に出たかは、もうおわかりですよね。

禁酒や禁煙を始めた人が三日坊主で終わってしまいやすいのも、この『どうにでもなれ効果』が働いて、ちょっとつまずいただけであきらめてしまうのが原因。でも、それでは自己嫌悪に陥るばかり。

自信を蘇らせたいのなら、「100点じゃないなら0点でも同じ」と考えるのをやめること。3日辛抱《しんぼう》して4日目に挫折《ざせつ》したのなら、「またやり直せばいい」と頭を切り替えて、5日目からまた新たに始めればいいのです。

「毎日続けるぞ」ではツラくなるので、毎日「今日から始めよう」と思うこと。三日坊主を根気よく続ける。それが三日坊主で終わらないための第一歩です。

「都合のいい人」と思わせない

↓表情をしっかりつくればいい

私はどうも人からナメられる人間のようで、いつも都合よく使われてしまいます。しかも、都合よく使ったくせに、相手からは感謝のひと言もありません。

だんだん職場にいるのがツラくなってきました。

「私はどうして、人からナメられやすいのだろう」

「なんであの人は、私にだけあんな図々しい態度をとるのだろう」

職場やプライベートの場でそう悩んでいる人って、意外に多いようです。

ナメられやすい人には特徴があります。それは、人に優しすぎること。

「人に優しくする」というのは、人間関係の中でとても大事なことです。周りといい関係をつくっていけば困ったことが起きても助け合えて、自分の心にある不安を解消することもできます。

でも、「人に優しくしなきゃ」という気持ちが強すぎると、他人を優先しすぎて自分に優しくすることができず、それが周りからも優しく扱われなくなる原因になってしまうことがあります。優しさが仇《あだ》になってしまうのです。

よくあるのが、自分の仕事で手一杯のときに、同僚から仕事の手伝いを頼まれるケースです。

優しすぎる人は自分が抱えている仕事だけでも忙しくて余裕がないのに、つい「いいですよ」と引き受けてしまい、残業をしてまで片づけるハメになってしまったりします。

そうした頼まれ事を一度でも引き受けると、律儀な人には特に『一貫性《いっかんせい》の原理』が働きます。

「自分の発言や行動、態度、信念を一貫したものとしたい」という心理が働くので、つい2度目、3度目の依頼も引き受けてしまいがちになるのです。

そうやって何度もやっていると、周りからは「この人は多少の無理でもこなしてくれるんだな。便利な人だな」と思われ、ナメられることになりやすいのです。

普通、頼み事をした側には感謝の念が生まれるものですが、一度ナメられてしまうとそれが当たり前になるので、周りからの感謝の念さえ薄まってしまいます。

だから、残業してまで周りの仕事を引き受けているのに、あなたが困っているときには周りからは全然手伝ってもらえない、という悲しい事態も起こってしまうのです。

『メラビアンの法則』というものがあります。カリフォルニア大学ロサンゼルス校の心理学者アルバート・メラビアンが提唱した概念（1971年）で、「感情や気持ちを伝えるコミュニケーションをとる際、どんな情報に基づいて相手の印象が決定されるのか」を検証したものです。

それによると、コミュニケーションには言語・聴覚・視覚の3つの要素があり、「視覚情報」55％、「聴覚情報」38％、「言語情報」7％の順で人は影響を受けるといいます。つまり、人に与える第一印象で最も重要なのは「視覚情報＝顔の表情」で、続いて「聴覚情報＝声」がポイントになるということ。

優しすぎて人からナメられやすい人は、自己主張を抑えがちなせいか、概して表情に喜怒哀楽がハッキリ出ない人が多いものです。

すると、コミュニケーションに大切な視覚情報が周囲に伝わりづらいので、依頼したことにOKなのか、NOなのかがわかりにくくなってしまいます。また、声も小さめな人が多いので、これまたコミュニケーションには不利。

人にナメられないためには、相手の目をちゃんと見てNOならNOの表情をつくること。そして、ハッキリとした声で「ごめんなさい、今はちょっと無理」と言うこと。それを習慣にすれば、自然とナメられなくなりますよ。

「本当の自分はこんなんじゃない」

↓なぜ、「写真うつり」が悪くなる？

運転免許の更新のたびにいつも不満に思うのは、免許証の顔写真。

毎回毎回、何であんなに不細工《ぶさいく》にうつっちゃうんだろう。5年も使うものなので、それが残念でなりません。

自分がうつった免許証を見るたびに、その写真うつりの悪さにガックリ肩を落とす人は多いものです。免許証の場合、5年間はその写真とつき合わなければならないので、口惜《くや》しさもひとしおかも。

でも、免許証の写真に納得がいかないのは本人だけかもしれません。

というのも、心理学者が「**写真うつりが悪いというのは目の錯覚。自分勝手な思い込みの可能性が高い**」ことをちゃんと実験で確かめているからです。

実験を行なったのは、シカゴ大学とヴァージニア大学の研究者たち（2008年）。

研究者たちは、被験者になってくれた学生たちの写真を撮り、画像処理ソフトを使ってそれぞれA、B、Cの3種類の写真をつくりました。

A　無修正の写真
B　20％ほど美形にした写真

C　少し醜《みにく》くした写真

この3つを本人の前に並べてこう尋ねたのだそうです。

「この中で加工されていない写真はどれだと思う？」

すると、かなりの数の被験者がAの「無修正の写真」ではなく、Bの「20％ほど美形にした写真」を選んだというのです。

つまり、**人は自分の姿を本来の自分より〝もう少しマシだ〟と思っているということ。**


この実験が興味深かったのは、他人の顔についてはほとんどの被験者が「これが本人の写真です」と、Aの「無修正の写真」を正しく選んだことでした。

人間って自分には甘いくせに、他人には超がつくほどクールなのです。

このような「自分には甘く、他人には厳しい（あるいは公正）」という人間の特質は『自己高揚《じここうよう》欲求』と名づけられています。

つまり、誰もが程度の差こそあれ、自分の容貌《ようぼう》には自惚《うぬぼ》れがあるということ。もう少しいいはずだというバイアス（偏りや思い込み）があるのです。

同じようなバイアスは、日頃、車をよく運転している人にも見受けられます。運転にはそれなりに自信があるので、そういうドライバーは事故を起こしたとき必ずといっていいほど、こう嘆きます。

「ま、まさか自分がこんな事故を起こすとは……」

事故を起こしたときにそのまま何もせず逃げる『ひき逃げ』も、「自分が事故を起こすことなんて滅多《めった》にあるもんじゃない」とふだん思っているからこそ、その反動で激しく動揺してしでかしてしまうのだと思われます。

ご紹介した実験からもわかるように、「写真うつりが悪い」は、当人だけの思い込みの可能性が高いということ。

その事実を真摯《しんし》に受け止めて、２割ほど美しくなるよう自分磨きに励めば、写真と理想の自分とのギャップに悩むことが少しは減るかもしれませんね。

「イマイチ」から抜け出す

↓ピグマリオン型？　ゴーレム型？

若手の人材育成をする立場になったのはいいものの、どうすれば彼らのやる気を喚起《かんき》できるか悩む日々が続いています。

ギリシャ神話にこんな話があります。

キプロスの王・ピグマリオンは自分でつくった女性の彫像《ちょうぞう》に恋をしてしまいます。まるで人間のように愛《め》でるものの、どんなに愛しても像は像のまま。像に恋焦《こ》がれるあまりに日々衰弱していくピグマリオン。そんな王に同情した神は、とうとう彼の願いに応《こた》え、像に命を吹き込みます。

こうして像は、王の期待どおりついに人間の女性へと変貌《へんぼう》を遂《と》げたのでした――。

この神話に因《ちな》んで名づけられた心理学用語に『ピグマリオン効果』があります。これは、他者からの期待に応えようとする人間の心理を表わすもので、以前は主に児童教育に用いられてきましたが、最近では企業の人材育成にも活用されるようになっています。

彫像を人間に変えたピグマリオンのように、部下を望みどおりの人間に育てるには、相手に期待をかけることが重要だということ。**人は、自分が期待されているのを感じると、自然に期待に応えようという気持ちが生まれ、業績が向上する**からです。

実際、自分が期待されているなと感じたとき、自然とやる気が出てきたという経験をした人も多いのでは？

逆に、自分が期待されているかどうかわからないと感じたり、期待どころか無能扱いされていると感じると、人はやる気をなくしてしまいがちです。それを心理学では『ゴーレム効果』と呼んでいます。

ゴーレムというのは、ユダヤの伝説に出てくる「意思を持たない泥《どろ》の怪物」のこと。呪文《じゅもん》を間違えると、ただの土塊《つちくれ》に戻ってしまいます。

さて、あなたはピグマリオンとゴーレム、どちらになってしまいがちでしょう。

とかく人は、他人の長所より短所のほうが目につくものです。

「あいつはダメだ！」

「この人は使えない！」
「イマイチなのよね～」

部下に対するそういった「不満」や「批判」が、実はその人を〝イマイチ人間〟にしているのかもしれません。

ピグマリオン効果を期待したいのなら、**あなたの中の相手に対するネガティブな決めつけをまず手放しましょう。**そして、相手の成長や可能性を確かめ、「きっとこういう人になるだろう」というポジティブなイメージができたら、それを確信することです。

ポイントは「もっとやる気を出せ」とハッパをかけるのではなく、「この仕事はあなたに任《まか》せれば安心だ」と期待を込めた言葉をかけること。叱咤《しった》激励《げきれい》が先にくるのではなく、部下の可能性を信頼することが先だということです。

また、ほめる場合は、「よくやったね」と言うよりも、「あなたの○○はとても良かったよ」と、良い点を具体的に相手に伝えるほうがより効果的、ということも頭に入れておいてくださいね。

自分の存在感を一気に出す
↓「キャッチフレーズ」作戦で

私の悩みは、いつも同僚や上司から「個性がない」「影が薄い」と言われてしまうこと。自分の存在感を増す簡単な方法ってないものでしょうか。

まず、存在感を一気に高めた実例があるのでご紹介しましょう。

『カメラを止めるな！』という映画が話題になったのを覚えていらっしゃるでしょうか。当初の上映館はたったの2館。それこそ影の薄い映画だったのです。

それが最終的には350館以上で公開され、210万人以上の観客を動員したというのですから驚きです。

その起爆剤となったのは、ネットを中心とした口コミによる情報の拡散でした。

「低予算なのに超面白いんだって！　これは絶対に予備知識なしで観るべき！」

「まず困惑《こんわく》して、次に度肝《どぎも》を抜かれて、大笑いして、最後は感動する映画だ！」

このような口コミがどんどん目に耳に飛び込んでくることで、ふだん映画館などには縁遠い人まで動員してしまったようです。

また、この映画が『カメ止め』という略称で呼ばれるようになったのも、拡散に寄与《きよ》した要因の一つでした。

「カメ止めって知ってる？」「カメ止め、もう見た？」と、**言葉が略されて人の**

口にのぼりやすくなったことでどんどん作品の存在感が増し、影が濃くなっていったのです。

実は、それこそが『サウンドバイト』の効果。直訳すれば「音でかみつく」ですが、まるでかみつかれたように印象に残る言葉、耳に残る言葉、それが『サウンドバイト』。

芸能界にそれほど詳しくない読者も、木村拓哉さんが「キムタク」、小島瑠璃子さんが「こじるり」と呼ばれてからますます輝きを増し、存在感のあるタレントになったことをご存じでしょう。名前を省略することで『サウンドバイト』の効果が働き、印象がより強くなったのです。

名前を略すなら誰でもできます。たとえば、「田中一郎」のような平凡な名前でも「タナイチ」と略せば印象に残る名前に変身します。すると、周りの人もあなたを呼びやすくなり、呼ばれるごとにあなたの存在感は増してくるはずです。ぜひトライしてては？

ただし、『サウンドバイト』の効果を高めるためには、一つ条件があります。

それは、**語呂《ごろ》がいいこと**。せっかく略しても、語呂が悪いと呼びにくいですし、定着しにくいものです。

では、どうしても語呂の悪い名前になってしまう場合はどうするか。その場合は、あなたならではのキャッチフレーズ（決め言葉）をつくってみましょう。

オバマ元大統領の「Yes We Can!」などがまさにそれ。演説の最後にオバマさんがその短いフレーズを口にしただけで民衆は熱狂したものです。

そして、この言葉と共に彼の存在感はどんどん増していき、ついにはアメリカ大統領の座を獲得してしまいました。それも『サウンドバイト』の力。言葉にするのに1秒ぐらいしかかからないのに、効果は絶大なのです。

このような決め言葉は、相手の注意を引きつけ、強い印象を残すことができますから、プレゼンやお客さんとの会話などでも大いに活用できます。

「なんてミラクル！」「これが私の女子力です」「まさにザ・〇〇ですね！」など、あなたも相手の耳に〝かみつく（印象を残す）〟決め言葉を開発しましょう。それがきっとあなたの個性となり、存在感をも高めてくれるはずですから。

信頼感が増す

↓「脅威のプレゼン」に学べばいい

よく人に「お前にもう少し説得力があればなぁ」と言われます。それは人に言われなくても十分自覚しているところですけど、どうやったら説得力って増すんでしょうか？

アップルの創始者、故スティーヴ・ジョブズ氏は自社の新製品を魅力的に紹介する名プレゼンターとしても有名でした。

その著書『驚異のプレゼン』によると、ジョブズ氏は話し始めるときにまず、「今日は3つのことを話します」と断ってから、聴衆に語りかけるのだそうです。

そして、それを『3点ルール』と呼んでいました。

なぜ3つに絞《しぼ》るのか。それには、大脳生理学、心理学、統計学的な理由があります。

まず、**人が短期記憶で保持できる情報は3つか4つがいいところ**だということ。

それ以上話をしても無駄になるし、聞き手もくたびれてしまいます。それに、せっかく記憶した情報も曖昧《あいまい》になってしまいます。

また、数字には心理的に「絶対的で揺るがない」イメージと「客観的」なイメージがあります。だから、数字で示されると納得しやすいのです。

そのせいか、ことわざには「石の上にも三年」「三度目の正直」「三人寄れば文《もん》殊《じゅ》の知恵」「女三人寄ればかしましい」……と〝3〟がよく使われていますよね。

しかも、3という数字は〝座《すわ》り〟がいい。1つじゃ物足りないし、2つだと相反する情報の場合どちらを信用していいのか、判断に迷ってしまいます。その点、3つだと第三者的視点が生まれるので判断もしやすく納得もしやすいのです。

それに、話が3つに整理されているので、論理的で知的（頭が良さそう）という印象を相手に与えることができます。だからこそ説得力が増すんですね。

そして、統計学的にも、1つよりも2つ、2つよりも3つの証拠があったほうが説得力がどんどん増していくのに、4つ以上になるとその説得力の増し方がどんどん鈍ってしまうのです。

つまり、「証拠はたくさんあればあるほどいい」というわけではないということ。**証拠をそろえるのなら、3つで十分**だということです。

それをわきまえてのジョブズ氏の『3点ルール』だったんですね。だからこそ、名プレゼンターの名を欲しいままにしていたのではないでしょうか。

ビジネスでは、説得力が特に重要です。

職場で同僚と話をするときも、自分の意見を相手に通せるかどうかは、説得力のあるなしにかかってきます。誰もがうなずくような話し方は、社会人として身につけたい重要なスキルだということです。

あなたもジョブズ氏を見習って「理由は3つあります」を決めゼリフにしてみませんか。もちろんその3つの理由は、前もって整理して考えておく必要があります。

どの3つにすればいいのか、思い悩む人がいるかもしれませんが、商品に自信があり、その素晴らしさをお客さんに納得させたいという意欲があるのなら、理由を3つ挙げるのは難しくはないはずです。

「おすすめするポイントは3つあります。まずデザイン、そしてカラー。3つ目、それはお客さまにピッタリだということです」

ほらね、3つ理由をそろえるのってそれほど難しくはないでしょう。**本当に理由が3つあるかどうかは重要ではなく、3つにまとめてしまうことが重要**なのです。この3ポイント説得法、ぜひ一度あなたも現場で試してみてください。

好印象をつくる

↓目元、口元、耳元、手元、足元

40歳は人生の折り返し点。責任もますます増えてくると思いますが、私も年が明けるとすぐに40歳。どんな心構えが必要でしょうか？

「四十にして惑《まど》わず」

「40歳を過ぎたら、自分の顔に責任を持て」

前者は、孔子の『論語』に出てくる有名な言葉。後者は、アメリカの第16代大統領リンカーンの言葉です。

40歳は人生の折り返し点ともいいますが、人もその歳ぐらいまで人生経験を積めば、それなりの品格が身についてきます。そして、それは自然と顔ににじみ出てくるものだということでしょう。

顔のつくりの良し悪しに関係なく、「あの人っていい顔してるな」と思える人はいるものですし、そういう人は培《つちか》われた品格が顔からにじみ出ているものです。

アメリカのテキサス大学のある研究機関が7500人のビジネスパーソンの顔写真を使って調査したところによると、写真で好印象を持たれた人ほど仕事もよくできるし、年収も高いという結果が出たのだとか。

印象のいい顔をしている人は、好感が持てるだけでなく、ビジネスにおいても勝者になる可能性が高いということです。

第一印象の良し悪しは、心理学的に見ても重要なポイントになります。『初頭効果《しょとうこうか》』といって、最初に出会ったときの印象が後々まで尾を引くからです。最初に「感じのいい人だな」という印象を与えることができれば、仕事での多少の落ち度はカバーしてもらえるし、それほど悪く思われることもありません。

では、少しでも好印象を相手に抱かせるにはどうすればいいのでしょう。

それは、**言葉と表情が一致していることが重要**になります。言葉と表情が一致していないと、相手が違和感や不信感を抱いてしまいがちだからです。

一度でも不信感を抱くと、人は言葉ではなく表情のほうを信じることが、実験でも確かめられています。そこが怖いところ。

言葉では「じっくり見比べて、お選びください」と言いながら、売り手がちょっとでもイラついた表情やしぐさを見せると、お客さんはそれを敏感に見てとって、「また今度にするわ」と、お店を後にしてしまいかねないということです。

ボディランゲージの専門家によると、**表情やしぐさで注目すべき点は、体の中**

で「元《もと》」のつくところだといいます。

それは、目元、口元、耳元、手元、そして足元のこと。そこに、その人の思いや本音が表われるからです。

たとえば、商品をお客さんに渡すとき、お客さんを大切に思っていれば片手ではなく両手を使うでしょう。それが手元。

お客さんを心から歓待《かんたい》しようと思えば、口角《こうかく》、つまり口元が自然と上がります。

また、真剣味がお客さんに伝わるのは目元。お客さんの言葉をしっかり聞いていることを知らせるのは耳元です。そして、真摯な態度が表われるのがそろえた足元というわけです。

さて、あなたの目元、口元、耳元、手元、足元は、相手にいい印象を与えているでしょうか。

片方の眉を上げてみる

↓レイ博士が証明する「コミュ力」UP法

いよいよ就職面接が始まります。でも、慣れない場所や人前では緊張するタイプなので、心配で心配で。

面接では第一印象が決め手だといいますけど、何か対策はないものでしょうか。

「10人に1人」

さて、この統計は何を意味していると思いますか?

実はこれ、日本人で〝片方の眉《まゆ》だけを上げられる人〟の割合を示す数値なのです。

試しに、あなたも鏡を見ながらやってみてください。もしできたら10人に1人、日本人としては貴重な存在ということになります。

欧米人なら誰でもできそうな〝片眉上げ〟。それが日本人にはなかなかできないのです。欧米人から「日本人は表情が乏しい」と揶揄《やゆ》されてしまう原因は、こんなところにもあるのかもしれません。

長期入院した人の足が細くなってしまうように、人の筋肉は使わなければすぐに衰《おとろ》えてしまいます。それは表情をつくる筋肉も同じこと。

島国に住む日本人は以《い》心伝心《しんでんしん》で通じるせいか、表情筋を鍛えることを長い間怠ってきたのでしょうね。そのツケがこの数値に表われているのかも。

でも、今やグローバルの時代。以心伝心に頼ってばかりはいられません。それに心理学的に見ても、表情は大切です。

というのも、「目は口ほどにものを言う」ということわざがあるように、私たちは言葉だけでなく、顔の表情やしぐさなど言葉以外の手段でもメッセージを送り合い、受け取っているからです。

そうしたコミュニケーション手段を『ノンバーバル（非言語）コミュニケーション』と呼んでいます。しかもこれがとても重要です。

ノンバーバル（非言語）コミュニケーションの研究者として知られるレイ・L・バードウィステル博士によると、2人の間でのコミュニケーションで、言葉によって伝えられるメッセージは、全体の35％に過ぎず、残りの65％は、表情や間の取り方、しぐさといった非言語のコミュニケーションで伝えられるといいます。

この結果からいえるのは、**表情が豊かであればあるほど上手なコミュニケーシ**

ョンがとれるということ。

新人キャビンアテンダントや新米アイドルたちが、研修で「笑顔づくりのレッスン」を必ず受けるのも、素敵な笑顔がお客さんやファンに対して絶大な力を発揮することが認知されているから。

笑顔は人の第一印象を決める重要なファクター。前述した『初頭効果』と呼んでいます。『初頭効果』を高めるには、会話力よりまず「笑顔力」なのです。

さて、あなたは自分の笑顔力に自信がありますか？　もし、今一つ自信が持てないのなら、さっそくトレーニングを始めましょう。

最近は笑顔づくりの教本も本屋さんに並んでいますし、スマートフォン用のトレーニングアプリも開発されているといいます。

思ったが吉日《きちじつ》、さっそくトライしてみましょう。

注目度を上げる

↓「振れ幅」が大きいほど印象に残りやすい

結婚式で新郎の友人代表としてスピーチを頼まれました。どんなスピーチをすれば会場をわかすことができて、しかも新郎新婦に満足してもらえるでしょうか。

「結婚式に招待されたのはいいけれど、スピーチを頼まれて気が重い」

「何をどうしゃべればいいんだろう」

そんな悩みを持つ人は多いものです。

お悩みの例は友人代表なので型どおりの堅苦しい挨拶《あいさつ》にはならないとは思いますが、新郎をただほめ上げるだけでは面白味に欠けるかも。

ここは、心理学でいう『ゲインロス効果』を活用してみるのもいいでしょう。


ゲインロス効果とは、マイナスの印象（ロス）からプラスの印象（ゲイン）、またはその逆に変化する度合いが大きければ大きいほど、相手に与えるインパクトが大きくなる心理効果を指します。

テレビドラマなどでも、ふだんは地味で頼りない部分があるキャラクターが、**ここぞという場面で意外な能力を発揮すると、そのギャップに驚いて印象に強く残る**ことがありますよね。その効果をスピーチで利用するわけです。

ただし、ゲインとロスの順番を間違えると、聞く側の印象がガラリと変わってしまうので注意が必要です。
たとえば、次の2つの文章を読み比べたら、どちらが好印象でしょうか。

A「新郎に初めて会ったときは根暗《ねくら》なイメージだったんですが、つき合ってみたら超がつくほど明るいヤツだったので驚きました」

B「新郎はつき合ってみると超がつくほど明るいヤツなのに、初めて会ったときは根暗な感じでした」

Aはゲイン（初めにネガティブな部分を紹介し、後からポジティブな面を紹介することでプラスの印象を強調する）効果を使った文章。
一方、Bはロス（初めにポジティブな部分を紹介し、後からネガティブな面を紹介することでマイナスの印象を強調する）効果を使った文章ですが、好印象を持つのは、もちろんAですよね。
この例のように、ゲインロス効果を使う場合は、**まずは相手の評価を下げるよ**

うなエピソードから始め、その後で評価を高めるエピソードを紹介するのが肝心。

そうすることで、相手の評価をより高めることができるのです。

評価を下げるとはいっても、相手を非難するようなエピソードは禁物です。そうではなく、ちょっと笑えるドジな一面を紹介すれば出席者の笑いも誘えることでしょう。

たとえば、最初はこんなふうに。

「小学校時代、こいつは遅刻の常習犯で、廊下《ろうか》に立たされてばかりで」

その後にこう続けたら、会場のムードはどう変わるでしょう。

「実は、こいつの実家は豆腐屋さんで、朝ギリギリまで親の手伝いをしていたのが遅刻の原因だったんですけどね」

このようにゲインロス効果をうまく使えば、ただほめるだけのスピーチを、ドラスティックに、そして強く印象に残るスピーチに変えることができるということ。ぜひ参考になさってみてください。

5章

1秒でその場に溶け込む

――好かれたいのは、お互いさま？

人とすぐに打ち解ける

↓「同じ言葉」をたくさん使えばうまくいく

若い頃から人づき合いが苦手で、人と打ち解けるのに苦労しています。その解消法はないものでしょうか？

なかなか人と打ち解けることができずに、人見知り状態が続く人っているものです。

そんな人に共通するのは、表情がかたいこと。それは心に抱く不安や警戒心が表情に出てしまうのが原因。それでは、自ら「私に近寄らないで」と言っているようなもの。周りもあなたに打ち解けてはくれません。

誰とでもすぐに打ち解けたいと思うのであれば、表情や態度に警戒心を出さないこと。**笑顔で相手と接するよう心がけること**です。

ドイツの文豪ゲーテの言葉に「人間の最大の罪は不機嫌である」というものがありますが、表情がかたいと周りの人には不機嫌に見えてしまいがちなんですね。笑顔は「私はあなたを受け入れます」というサインを発しているのと同じですから、相手の警戒心を解くこともできます。

それができたら第一段階はＯＫ。第二段階へ進みましょう。

次なるステップは、「**相手との共通点を見つけること**」。人が他人に対して安心感を覚える瞬間、それは、「自分との共通点を見つけたとき」なのです。

たとえば、自分と同じ苗字《みょうじ》の人と出会ったら、あなたはどんな感情を抱くでしょうか。なんだか親近感を覚えて、思わず微笑《ほほえ》んでしまうのでは？　珍しい名前の場合は、つい出身地を聞いてみたくなりますよね。

心理学に『ネームレター効果』というものがあります。

人は名前が同じ、あるいは似ている人物やものに対して、意識的にも無意識的にも好意を持ちやすくなるのです。

自分の名前には誰もが特別な思いがありますし、愛着も持っています。それゆえに、名前や名前に使われる漢字やイニシャルなどに思わず反応して好意を感じてしまうというわけです。

この効果は、名前だけでなく、出身地や出身校、血液型や星座が同じであった場合でも表われますから、そうした話題を振って「自分との共通点を見つける」

ことは人と打ち解ける早道です。

それができたら、いよいよ第三段階。

それは、「**会話の中でなるべくたくさん相手の名前を呼ぶ**」ことです。言葉の端々《はしばし》に相手の名前を入れるようにするのです。

なぜなら、人は自分の名前を呼んでくれる人には、自然と親近感を覚えてしまうからです。これは『ネームコーリング』と呼ばれる心理テクニックで、営業畑の人は覚えておいて損はありませんし、好意を寄せている相手がいる人にもおすすめです。

恥ずかしがらずに、何かにつけて相手の名前を呼ぶ。それだけで相手はどんどんあなたに心を開いていってくれるはず。ぜひお試しを。

「気まずい空気」を破る

↓「カタルシス効果」を生む応対術

〝立て板に水〟のように話す人には憧《あこが》れと同時に嫉妬《しっと》を感じます。ああ、自分はなんであんなふうに生まれなかったんだろうって……。

「コミュニケーション上手」と聞いたとき、あなたはどんな人を思い浮かべるでしょうか。

そう問われたとき、雄弁《ゆうべん》な人、誰とでも打ち解けて話ができる人といったように、話し方や会話のテクニックがうまい人というイメージを抱いた人は、ちょっと考えを改めたほうがいいかもしれません。

というのも、コミュニケーション上手といわれる人たちがすべて話がうまい人かというと、決してそんなことはないからです。

彼らに共通するのは、話し上手というより聞き上手という点なのです。

仕事でも恋愛でも、聞き上手な人は相手から「話していて楽しい人だな」と思われます。そして、好感度や信頼度も高く、人望を集める人も少なくありません。

つまり、**聞き上手な人こそ、コミュニケーション上手な人**なのです。

聞き上手な人が「話していて楽しい」と思われるのには理由があります。

それは、話している側に『カタルシス効果』が働いて、話せば話すほど気分が良くなるからです。

カタルシスとはギリシア語で「浄化《じょうか》」を意味します。なので、この効果のことを『心の浄化作用』とも呼んでいます。

カタルシス効果とは、**ふだん口にできないさまざまな思いを言葉などの表現を通して発散することで、心の苦しみが軽くなる**ことをいいます。聞き上手はそれを自然にうながしてくれるので、話すほどに心が軽くなっていくのです。

また、人には誰にでも自分のことを認めてもらいたいという欲求、心理学でいう『承認欲求《しょうにんよっきゅう》』がありますが、聞き上手な人はそれも満たしてくれるので、ますます好感度を高めてしまいます。

その点、一方的にしゃべりまくる人はどちらも満たしてくれないので、会話をしていてだんだん嫌気《いやけ》がさしてきます。おしゃべりな人が、今一つ人望がないのはそのせいかもしれません。

とはいえ、ただ聞いているだけでは「聞き上手」にはなれません。

好印象を与える会話は、しゃべる時間を「相手7割：自分3割」ぐらいにするのが良いとされていますが、漫然《まんぜん》と聞いているだけでは「この人、ちゃんと聞いてくれてるのかしら」と相手を不安にさせてしまいます。**そんな不安を解消するのが、「相《あい》づち」や「うなずき」です**。それだけで、相手は安心しておしゃべりが楽しめるようになります。

同じ相づちでも、相手が女性であれば、「だよね」「だと思った」など共感を表わす相づち。男性であれば、「へぇ〜!」「すご〜い!」など相手のプライドを満たすような相づちが効果的。

そして、**頃合《ころあ》いをみて質問をする**。これも大事。

質問は簡単でいいのです。興味深げに「それでどうなったの?」とか、「そのときどうしたの?」と水を向ければ、相手は喜んでまたしゃべり出してくれますし、話を広げてくれます。

その間、あなたは熱心に耳を傾け、相づちを打ち、うなずいていればいいのです。しかも、そうすることであなたの好感度はうなぎ上り。

ほらね、口が重いのを悲観する必要は、これっぽっちもないのです。

人との「見えない壁」を破る

↓相手のしぐさを「さりげなく」マネてみる

服飾関係の仕事をしているのですが、いつも悩むのがお客さまへの声かけ。
下手なのか、声をかけると迷惑そうな顔をされちゃって。
上手な声かけの方法ってないものでしょうか？

営業や販売の仕事に慣れていない人にとって、初めてのお客さんに声をかけるのは大仕事です。

本人としては精一杯の笑顔で、「何かお探しですか?」と声をかけても、お客さんは逃げるように去っていってしまう。その繰り返しを、どうやったら打開できるのでしょう。

今度は、そのヒントを一つご紹介します。

人は自分と似た相手には、好意や親近感を抱きやすいものです。そして、相手が好きになればなるほどしぐさや口ぐせ、好みの食べ物やファッションまで似てきます。

この「仲良くなればなるほど似てくる」という現象は、双子のタレントを観察してみるとよくわかります。彼らはしぐさから口ぐせまでそっくりですよね。しかも、同時に同じことをしゃべったりもします。

そんな2人を見ていると、ホントに気が合うんだな、仲がいいんだなと感心してしまいます。

そんなふうに言葉やしぐさが同調してしまう現象を心理学では『シンクロニー(同調行為《どうちょう》)』と呼んでいます。人って**心と心が接近すればするほど、相手と行為が同調しやすくなる**のです。

あなたも経験ありませんか？　友人と食事をしていて、同時に同じ調味料に手をのばして思わず照れ笑いしたこと。

そうした経験をすると、なぜか気が合うような気持ちになるし、相手に親近感を覚えるようになるものです。

そんな心理を接客に応用するのです。

たとえば、お客さんが商品の前でアゴに指を当てて品定めをしていたら、さりげなくそばへ行って、あなたもアゴに指を当てて考えるしぐさをしてみましょう。

これは、鏡を見ているように同じしぐさをすることから、『**ミラーリング**』と呼ばれています。

相手が首を傾《かし》げていたら、首を傾げるだけでもかまいません。ただし、さりげなくするのがコツ。

そして、お客さんと目が合ったら？

「何かお探しですか？」は厳禁。知らない人に疑問形で声をかけられたら、誰だって逃げ腰になってしまいます。

お客さんと目が合ったらまず、とびきりのスマイル。

そして、たとえばこう言ってみてはどうでしょう。

「実はそれ、私も買おうか迷ってるんです。いいですよね～、それ♪」

女性は特に〝共感〟を求める生き物。きっとお客さんはあなたに親しみを感じて微笑んでくれるはずです。

これは販売に限らず、人と人の間の見えない壁を取り除くのに威力を発揮します。お試しを。

「見ず知らずの人」とうまくやる

↓キャンディがとりもつ縁

うちの会社に営業にやってくる中年女性は、いつもアメやチョコを持っていて、「お一つどうぞ」ってくれるんですが、あれって何か役に立っているんでしょうか?

質問への回答は「ちゃんと役に立っている」です。アメをコミュニケーションツールとして活用している代表格としてすぐに思い浮かぶのは〝関西のおばちゃん〟でしょうね。彼女たちほどアメを上手に活用している人たちはいないかもしれません。

面白いのは、彼女たちが「アメ」ではなく「アメちゃん」と呼んでいること。なぜ彼女たちは〝ちゃんづけ〟をするのでしょう。

興味本位で調べてみたところ、関西ではもともと「お芋《いも》さん」「お粥《かゆ》（かい）さん」「お豆さん」といったように、食べ物に「お」や「さん」をつける習慣があったようです。

そうした言い方は御所《ごしょ》から広まったものらしく、宮中の女性たちの女房言葉が由来だとか。

飽食の時代といわれる現代と違って、昔は食べ物は貴重なものでした。神様からの贈り物ともいえるもの。それだけに「さん」をつけて敬《うやま》うのが当たり前だったのかも。

アメについても、もともとは「アメさん」と呼ばれていたようです。それがアメを携帯する人が増えるにしたがってより身近なものになり、より親しみやすい「アメちゃん」に変わったようです。

実は、この「アメちゃん」が見ず知らずの人の心を開かせ、スムーズなコミュニケーションに導いてくれることは心理実験でも確かめられているのです。

実験を行なったのは、心理学者のショーン・エイカー博士。

その実験は、経験豊かな医師たちを集めて行なわれました。

A、B、Cの3つのグループに分けられた医師たちに与えられたミッションは、「架空の患者の症状や病歴から病名を診断し、治療法をシミュレーションせよ」というものでした。

ただし、3つのグループには事前に別々の部屋でエイカー博士と面談してもらっていました。

その面談の仕方は、それぞれ次のようなものでした。

Aチーム……博士との挨拶だけ

Bチーム……博士が医師たちに医療関係の記事を手渡し、それを読んでもらう

Cチーム……博士が医師たちにキャンディーを配る

接触の仕方の違いはこれだけだったのですが、結果は大きく違うものになりました。なんと事前にキャンディーを配ったCチームが、他のチームの2倍のスピードでシミュレーションを達成してしまったのです。

それほどの差が生まれたのは、キャンディーというさりげないプレゼントがCチームの医師たちの心を開かせ、いい気分にさせて、「この実験に協力したい」という意欲を高めさせた結果だったということ。

プレゼントするものは他にも考えられるかもしれませんが、**そのさりげなさ、携帯する便利さ、そして、あげるほうも、もらうほうも負担にならない**ことなどを考えると、「アメ（キャンディー）」は最強のコミュニケーションツールといえるかもしれませんね。

わざとらしくならない

↓相手が「認めてもらいたいところ」に触れる

世の中には〝ほめ上手〟な人がいますが、私はその反対の〝ほめ下手〟です。ほめ上手になるコツってないものでしょうか？

「叱《しか》る」より「ほめる」。それを実践した歴史的な人物がいます。

その人の名は、山本五十六《やまもといそろく》海軍大将。

「やってみせ　言って聞かせて　させてみて　ほめてやらねば　人は動かじ」

この名言をご存じの方は多いことでしょう。五十六さんは部下を「ほめる」ことの重要性を十分すぎるほど認識していた人物だったのでしょうね。

「そうはいっても、ほめるのはどうも苦手で」

そう苦笑いする人は案外多いもの。私たち日本人は、「ほめる」イコール「お世辞」ととらえて、なんとなく敬遠する傾向があるようです。

そのせいか、ほめること自体に慣れていなくて、何をどうほめていいのか、そこで頭を悩ませてしまう人がいるのも事実。

もしあなたがそうなら、ぜひ先ほどの名言の続きにご注目ください。

「話し合い　耳を傾け　承認し　任せてやらねば人は育たず」

この言葉の中にある「承認」は、心理学的に見てもとても重要なポイントになります。

というのも、人は周囲から承認、つまり認めてもらいたいという欲求を常に持っているからです。

自分という存在を認めてもらえるだけでも、うれしくなってしまうのが私たち人間なのです。

「おや、髪を切ったんだね」

「へぇ、君って青森出身か」

そう言葉をかけてもらえるだけで、自分が周りに関心を持ってもらえていることがわかって心が浮き立つのです。それが目上の人ならなおさらです。

ほめるのが苦手という人は、まず相手の存在や行動を認め、気づいたことを口に出すことから始めてみてはいかがでしょう。

「これ、君がやってくれたんだ」

「君はやることが早いね」

それが口に出せたら、それに続いて、

「助かるよ」

「さすがだね」


そう続けるだけで、すばらしいほめ言葉になります。

また、**第三者が認めていると伝えるのもとても効果的**です。

試しに「〇〇が君のことをほめてたよ」と声をかけてみてください。相手が笑顔になること請《う》け合いです。

ほめられれば自然と自信が芽生えます。それを心理学では『自己効力感《じここうりょくかん》』と呼びます。そうすれば俄然《がぜん》やる気も出てくるし、仕事にも前向きに取り組むようになります。いい循環が生まれるというわけです。

ほめるためにも、まずは相手の一挙一動《いっきょいちどう》に関心を持つ、それが大事ということです。

「テレワーク」をうまくやる

↓大切な情報を「聞き逃さない」準備

上層部から仕事のテレワーク化の可能性を考えてくれとのお達し。そんなわけで担当を任され模索中《もさくちゅう》ですが、テレワークにもメリット・デメリットがあると思うしなぁ……悩みます。

テレワークとは、「Tele＝離れた」と「Work＝働く」を合わせた造語で、時間や場所にとらわれない柔軟な働き方のこと。働き方改革や世界的に感染拡大した新型コロナウイルスの影響で、一気に注目を集めたのは周知のとおりです。

けれど、まだテレワークを自社で実施していない企業だと、「今さら導入したところで効果はあるんだろうか」「なんとなく運用が難しそう」といった悩みを持つ担当者も少なくないかもしれません。

筑波大学がそのメリットとデメリットを調査している（2020年）ので、ご紹介しましょう。

調査対象は、テレワークを導入している情報・通信やサービス業、メーカーなどの企業17社の従業員。

テレワーク導入に関しては、「非常に満足」（20％）、「満足」（32％）、「どちらかといえば満足」（28％）との回答で、合計すると80％に達します。

働く人にとっては、通勤時間の削減という大きなメリットがありますから、これは納得の数字です。

調査では、テレワーク導入で起きた職場や仕事上の変化も聞いています。メリットとして「あてはまる」「ややあてはまる」と回答した割合が高かったのは、「メール以外のコミュニケーションツール活用が進み、効率が良くなった」(60%)、「職場全体が無駄な業務を省くようになった」(50%)など。

一方でデメリットとしては、コミュニケーションの難しさを実感する回答も目立ちました。

回答としては、「職場全体の雰囲気を感じにくくなった」(73%)、「業務以外のことに関する情報交換が少なくなった」(72%)、「新たな人や初めての人との関係を深めることが難しくなった」(69%)など。

また、「相手の表情や気持ちがわかりづらい」「些細なやりとりや雑談などがしづらい」といった項目が、テレワークに関する不満として上位にきています。

オフィスにいれば、意識しなくても同僚の立ち話が聞こえてきたり、振る舞いなどが目に入ったりします。その中には、実は仕事に影響する聞き逃せない情報が詰まっているケースも少なくありません。

人が「自分に関係ある情報か否《いな》か」を無意識のうちに取捨選択《しゅしゃせんたく》する心理現象を『カクテルパーティー（選択的注意）効果』といいますが、テレワークの場合、そうした効果が働かず、何気なく入ってくる情報が入手しづらくなってしまうのです。

そのようなデメリットを、テレワーク導入企業がどう解消しているのかも調べています。その解消策は次のようなものです。

・会議前に、参加メンバーは会議資料を共有しておく
・会議前に、会議のテーマや論点を明確にしておく
・質問や疑問を尋ねる時間を確保するようにしている
・雑談や世間話など、会議と関係ない話題を意図的に含めている

テレワークには、事前作業や細かい心づかいが欠かせないということでしょう。

「トゲ」を出さない
↓世の中は「返報性の原理」でできている

夫婦ゲンカをしたとき、妻から「あなたの言葉には険《けん》がある」と言われてしまいました。こっちからすれば、妻の言葉のほうがよっぽど険があると思うんですが……。

ここ数年、道徳の時間に『〝ふわふわ言葉〟と〝ちくちく言葉〟』という授業をする小学校が増えているといいます。

ふわふわ言葉とは、たとえば「ありがとう」、「ごめんね」や「すごいね」、「かわいいね」、また「大好きだよ」とか「楽しいね」、「よく頑張ったね」など、相手から言われると気持ちがふわふわしてうれしくなる言葉のこと。

頑張っているときやツラいときに、「ふわふわ言葉」を聞くと励まされますし、言われたほうは気持ちがラクになり、勇気百倍、自己肯定感（ありのままの自分を肯定する感覚）も上がります。独《ひと》り言《ごと》のように自分自身にふわふわ言葉を投げかけるだけでも、元気が出てきます。

それに対して、ちくちく言葉は「バカ」、「死ね」、「キモい」、「ウザい」や「そんなことも知らないの？」、「一緒に遊んであげない」、「あっちへ行け」など、言われると悲しくて、心が傷つく言葉のこと。

「だから言ったでしょ！」とか「なんで出来ないの？」、「ダメって言ってるでしょ！」なども、相手を傷つけてしまいますから、ちくちく言葉の仲間です。

たった一つのふわふわ言葉が、相手に大きな勇気を生み出すことがあるし、逆につい口走ってしまったちくちく言葉が、相手の心に大きな傷をつけてしまうこともあります。

言葉が持つ霊力《れいりょく》を「言霊《ことだま》」といいますが、言葉には私たちが思っている以上に大きな力があるのです。


言葉づかいは人柄を表わします。**いかに相手を大切にしているか、思いやっているかは言葉づかいから察することができます。**それは大人も同じ。

お悩みの例が身近な配偶者から「言葉に険がある」と言われたとするなら、口から出るのが「はあ？　何言ってんだ？」「お前は何にもわかってない」「あ〜あ、時間の無駄だな」「いい加減にしろ」「うるさい、黙れ！」などといった〝ちくちく言葉〟だらけだったのではないでしょうか。

そうした言葉のやりとりには、必ず『返報性《へんぽうせい》の原理』が働きます。**売り言葉に買い言葉というもので、こっちがちくちく言葉を吐《は》けばお返しとばかりに相手もちくちく言葉を吐き返します**から、諍《いさか》いは永遠と続くことになってしまいます。

また、ちくちく言葉はケンカをしていなくても出ることがあります。それが口ぐせになっている人もいるからです。

お悩みの方は、もしかしたら日頃から〝険のある言葉づかい〟をしている可能性があるということです。

円滑な人間関係を築くためには、常に相手がどう思うかを考えながら発言することが大切です。それは夫婦でも同じこと。いや、長い時を一緒に過ごす夫婦であればこそ大事なこと、大切なマナーだと思われます。

6章

1秒でオープンマインドになる

――人づき合いがラクになる「心の習慣」

コンプレックスをカミングアウトする
↓「笑い話」に変えられたらラクになる

自分ってコンプレックスの塊《かたまり》のような人間だなとつくづく思います。チビデブで見た目も悪いせいか人づき合いは大の苦手。恋人いない歴と年齢が一緒という情けない男です。

ずっとこのままの生活が続くと思うと虚《むな》しさで心が一杯になってしまいます。

誰にでも『コンプレックス』はあるものです。

外見など肉体的なこともあれば、性格など内面的なことでコンプレックスを感じることもあるでしょう。自分が他人より劣《おと》っているという感情や思い——そう、劣等感というやつです。

人に知られたくないものなので、つい隠したくなります。

でも、隠そうとすればするほど、余計につきまとうのが劣等感。そして、卑屈《ひくつ》になってしまいます。

そんな自分にうんざりしているとしたら、解決策があります。

心理学でいう『自己開示』をするのです。これは、自分についての極めてプライベートな情報を相手にありのままに伝える行為のこと。

つまり、**コンプレックスを打ち明けてしまう**のです。

「何でもしゃべってしまえ」というわけではありません。周囲の人が薄々感じ取っていることや、外見的なコンプレックスで試してみましょう。

お悩みの例のように背が低いのがコンプレックスの一つであるなら、それを自己開示してみるのです。どんなに取り繕《つくろ》っても、ヒールの高い靴を履《は》いて誤魔化《ごまか》そうとしても、周囲の人には周知の事実ですしね。

たとえば、こんなふうに告白してみるのです。

「僕、身長161センチなんです。でも、それは朝に測った数値。つまり寝起きで身長が一番伸びてるときなんで、夜に測ったらアチャ〜なんですけど」

つまり、笑い話にしてしまうのです。

すると、聞いた人は心の中で思います。笑い話にできるこの人は、身長のことなど気にしていないんだな、と。

それだけではありません。コンプレックスを持たない人なんて滅多にいません。誰もが何かしらで悩んでいたり、引け目を感じているものです。

ですから、自分のコンプレックスをあえて話すことのできる人を器の大きい人、そして尊敬に値する人だと思い、評価を高めてしまいます。

また、そういう人のもとには自然と人が集まってくるものです。

コンプレックスが、その人の魅力の一部になってしまうんですね。

お笑い芸人にも、コンプレックスを逆手《さかて》にとって人気者になっている人がいますが、彼らが人に好かれるのは**自己開示をすることでマイナスの自己評価をプラスに変えているから**です。

さて、あなたならどんなコンプレックスから自己開示してみます？

「気が合う」と思われる

↓相手が笑ったら、自分も笑ってみる

店長から「お客さまの注文は復唱するように」と言われていますが、端末の機械にちゃんと入力しているので無駄な気がします。

復唱って何か意味があるんでしょうか？

答えは、「確かにある」です。

それを実験で証明したのが、オランダのラドバウド大学の心理学者リック・ファン・バーレン博士とその研究チームでした。

博士たちは、小さなレストランでウエイトレスの協力を得て、お客さんの注文に対して次のような２種類の受け答えをしてもらいました。

Ａ「(注文を受けて) はい、かしこまりました」

Ｂ「グリーンサラダとハンバーグ。それにパン。食後にコーヒーですね。はい、かしこまりました」

すると、Ｂのように**お客さんの注文を復唱しただけで、お客さんが払うチップの額がＡより70％もアップした**というのです。それだけ、お客さんのウエイトレスへの好感度が上がったということなのでしょう。

これも前述した相手のしぐさや行動、言動などをミラー（鏡）のようにマネる『ミラーリング』効果によるもの。

もともと人は自分と似ている人、または似たものに対して、好意や親近感を抱きやすい傾向があります。

学生時代を思い出してみてください。たくさんいる同級生の中で、自分と同じような考えや同じような趣味を持っている人がいると、知り合った途端に打ち解けて、いつの間にか親友になっていた、なんてことはなかったでしょうか。

自分と似た雰囲気や言動は、無意識的に「味方同士だ」「気が合いそうだ」と感じるので、心の壁が取り払われて時間をかけずに仲良くなれるのです。

それを積極的に行なうのがミラーリング。

マネるという行為は、「あなたに好意を持っています」という意思表示をしているようなもの。ですから、マネられるほうも悪い気はしませんし、相手に好感を持ちます。

「復唱する」ということは、相手のマネをすること。だから、お客さんもチップを余計にはずんだのでしょう。

復唱は、注文を確認するためにだけに行なうものではなく、お客さんに「この人は信頼できそうだ」と思ってもらうために行なうものだということです。

ポイントは、**さり気なくマネをすること**。誰かに好感を持ってもらいたいときはぜひ、さり気ないミラーリングを心がけましょう。

相手が笑顔になったら、自分も笑顔になる。相手が前かがみで話し始めたら、自分も前かがみになる。

それだけで、相手に「なんだか気が合う」と思ってもらえて、会話もスムーズになるのですから、人と接する機会の多い方はぜひ習慣になさってみてください。

「パッと見」で本性を推し量る

↓「身につけているもの」に表われる

マッチングアプリで婚活ができればと思っています。

相手のルックスや経歴などの情報以外で、相手を知る方法ってないものでしょうか。

今や男女の出会いツールとして当たり前のように用いられるようになった「マッチングアプリ」。

マッチングアプリとは、「恋愛や結婚に通じる出会いを求める男女を結びつけるインターネットサービス」のことで、テレワークの推進などで人と出会う機会が少なくなった昨今、恋人探しや結婚相手探しなどに思った以上に活用されているようです。

相手の年齢、居住地、身長、職業など基本的なプロフィールから、趣味、飲酒、喫煙、結婚の意思といった項目まで、細かい希望の条件を設定することで、より自分の理想に近い相手を探すことが可能だといいますが、それはやはり自分を良く見せる〝建前〟の情報。もっと相手の本質的な部分を知りたいと思うのは当然でしょう。

そんな欲求を叶えてくれそうな心理学の研究があります。

カンザス大学心理学科のオムリ・ギラス教授が、相手の情報を読み取る要素の約90％は〝靴〟であるという異色の研究結果を発表したのです（2012年）。

しかも、相手のおおよその年齢、性別、収入だけでなく性格までが、靴を見るだけで判断できるといいます。ありがたいのは、それを見抜くのには相手の靴の写真さえあればいいところ。他は何の訓練もいらないという点です。

実験は、63人の生徒に異なる靴を履いた208人の足元の写真を見せることから始まりました。そして、その靴を履いた人に関するアンケートに答えてもらいました。

アンケートは、靴を見て所有者の社会的地位、性格が外向的または内向的か、などを推測してもらうというもの。その後、その推測と靴の所有者208人がパーソナリティテストを受けた結果とを照らし合わせました。

すると、生徒たちは、ほぼすべての人の特性を靴から分析・推測し、当てることができたというのです。

その結果から、「高価な靴を履いている人は高所得者層であることが多く、自己愛が強い傾向がある」「派手でカラフルな靴は、外向的で優しいタイプ」「きれいでよく手入れされた靴を履く人は、心配性な人」といった性格特性が判定できることがわかりました。でも、こうしたことは誰もがある程度はイメージできそうですよね。

筆者がこの実験で注目したのは、「**同じ靴を手入れして長く履くタイプの人は、誠実性が高い**」ことがわかったという点でした。

誠実性の高い人は、自己コントロール能力にすぐれ、理不尽に感情的になることもなく、パートナーを裏切るようなこともしない人が多いものです。つまり、恋愛相手としても、また仕事仲間としても信頼できる性格であるということ。マッチングアプリで長く安定した関係を築けるパートナーを探しているのであれば、この情報は重要です。参考になさってみてもよいのではないでしょうか。

研究を発表したオムリ・ギラス教授もこう述べています。

「靴は実用的なものであり、また所有者の情報を象徴《しょうちょう》する非言語的なメッセージでもあります。相手の靴に、もっと注意を払ったほうがいいですよ」

「こだわり」にとらわれない

↓「イケア効果」を逆利用

夫が手づくりしたマグカップをうっかり落として取っ手がポロリ。もちろん謝ってもっと形のいい別のカップをプレゼントしたんですが、夫ったらそれに目もくれずに取っ手を接着剤でつけて、今もお手製カップを使っています。もう強情《ごうじょ》っぱりなんだから！

〝夫婦ゲンカは犬も食わない〟ということわざがあるように、夫婦間の諍いはよくあることで、すぐに和解することも多いので他人が仲裁《ちゅうさい》などするものではないのかもしれません。

そうはいっても、お悩みの例の苛立《いらだ》つ気持ちもわかります。

もし、この悩み事を行動経済学者のダン・アリエリーが聞いたら、こう答えるのではないかと思われます。

「奥様の苛立ちはごもっとも。でも、**人間って自分がつくった物には特別な愛着があるんです**。そういう心理を私たちは『イケア効果』と名づけましたが、ご主人にもその心理が働いたのではないかと……」

イケア効果とは、ダン・アリエリー、マイケル・ノートン、ダニエル・モションの専門家3人が発表した論文（2011年）から生まれた用語で、「自らつくったものを過大評価し、他人にとっても高い価値があるように感じる」心理効果をいいます。

イケアというのは、北欧スウェーデンの家具量販店のこと。イケアでは家具を完成品ではなく組み立て式にして売ることでコストを削減し、低価格を実現していることで有名です。

3人の研究者たちはその家具を使って、次のような実験をしてみたのです。

まず被験者を2つのグループに分け、それぞれのグループに異なる課題を与えました。片方のグループには家具を組み立てさせ、もう片方には組み立て済みの家具の点検だけをさせたのです。

そして、作業終了後、家具に値段をつけてもらいました。

すると、点検だけしたグループに比べ、自分で組み立てたグループは完成した家具に63％も高い価格をつけたというのです。

人って、はじめから完成された家具よりも、少しでも自分が関与した組み立て式家具に価値があると思ってしまうんですね。

そうした心理はいろいろなところで働きます。

・自分でつくったお菓子は、市販品ほど見た目が良くなくてもとても美味しく感じる
・自分でつくった陶芸作品やプラモデルなどには特別な愛着を示す
・手塩にかけて育てた我が子は、どんなに素行《そこう》が悪くてもかわいい

お悩みの例のご主人にもそうした心理が働いたのだと思われます。

だから、せっかくプレゼントしてもらったマグカップには目もくれず、お手製カップを使い続けていらっしゃるのでしょう。

この際、仲直りするためにも、お二人で陶芸教室にでも通って、新たにお手製マグカップをつくるというのもいいかもしれませんね。互いに愛着のある逸品《いっぴん》が手に入るわけですから。

「閉ざしている心」を開かせる
↓こんな状況だと、つい秘密のことまで……

私の部下になかなか心を開かないタイプの男性がいまして。
悩みを抱えているようなんですが、彼の心を開かせる方法ってないものでしょうか？

都会では焚火《たきび》をするチャンスは滅多にありませんが、キャンプ場なら話は別。キャンプファイアーをしたことのある人なら、こんな経験をしたことがあるのではないでしょうか。

燃える火を見つめているうちに、誰彼《だれかれ》となく打ち明け話をし始めて、

「あ、そういう経験、俺にもあるある」

「私もある～」

そう周りも反応して、ふだんだったら絶対口にしないような心の内や秘密の話までさらけ出して話し込んでしまったといった経験。

実は、**キャンプファイアーのようなシチュエーションだと、人は自ら心の内を披露《ひろう》したくなってしまう**ようなのです。

それを心理学では『暗闇《くらやみ》効果』と呼んでいます。

この効果が生まれるのは、暗闇が持つ不安感や秘匿《ひとく》性のおかげ。そのために、周囲の人との心理的距離が縮まり、一体感が生まれ、心の壁が取り払われて、思

わず心の中にしまっていた秘密まで口にするようになるのです。

そうした現象は、アメリカの心理学者ケネス・ガーゲンが行なった実験でも確かめられています（1973年）。

博士は、暗闇の中で人と人との親密度がどのように変わるかを調べるために、次のような実験を行ないました。

まず、見ず知らずの男女のグループを2組つくり、一方のグループは明るい部屋に、もう一方のグループは暗い部屋に閉じ込めたのです。

モニターで観察すると、明るい部屋に入れられたグループは、当然かもしれませんが、初対面ということもあって当たりさわりのない会話に終始していました。

それと対照的だったのが暗い部屋に入れられたグループ。

いつの間にか親密度が増し、打ち解けて会話もはずみ、中には肩を寄せ抱き合う男女も現われるという結果になったといいます。

暗い場所には、心を開かせる力があるということです。

この力は、今回のお悩みの例のように相手との距離を縮めたい、心を開かせたいと思っている人には、大いなる助けとなります。

何かで悩んでいるようなのに、心に壁をつくって口を閉ざしている部下や友人がいるなら、**照明の暗い、でも安心できる馴染《なじ》みのお店に連れていってあげましょう。**

『暗闇効果』が働いて、重い口を開いてくれる可能性大です。呼び水として、あなたが率先して何か打ち明け話をすると、余計に効果が期待できます。

かつてニューヨークで大停電が起こったとき、その9カ月か10カ月後に出生率がグンと上がったという都市伝説のような話がありますが、この効果を考えるとあながち〝マユツバな話〟ともいえませんよね。

「自立」を導く

↓「自分で選んだ」という満足感を与える

子育ての悩みです。

夫と離婚してひとりで10歳の子を育てているので、仕事をしている間、学校や塾に行ってくれているると安心ですが、その反動で家ではついつい過保護になってしまいがち。でも、そんなだと自主性が育つか心配になります。

こんな子育てをしていて大丈夫でしょうか？

大人の社会だけでなく、子どもの社会も変化が大きい現代。今、子どもを取り巻く環境は日々大きく様変わりしています。

そんな中での子育ては、一筋縄《ひとすじなわ》ではいきません。今回のお悩みの例のように、子どもへの接し方に頭を抱える人も多いのではないでしょうか。

そんな子育ての悩みに、一つの解決策を示してくれている本があります。それが『セルフドリブン・チャイルド』。

著者は、アメリカの臨床神経心理学者ウィリアム・スティクスラッドと、教育研究所代表のネッド・ジョンソン。２人がそれぞれの知見を踏まえながら「子育ての心構え」を説いている本です。

本の主張をひと言でまとめると、次のようになります。

「親が伸ばすべきは子どもの『コントロール感』であり、将来の人生で必要となる判断力を習得できるようにすること」

コントロール感とは、「自分の判断で物事を決めたい、コントロールしたい」という欲求のこと。その欲求が満たされないと、人はストレスを覚えます。それが度重《たびかさ》なると、無力感を覚え、イライラしたり、不安にさいなまれてしまいます。

逆に、「状況を自分で変えていける」というコントロール感を手にしているとストレス耐性が高くなり、幸福感も得やすいのだとか。

つまり、**コントロール感を持つことは自分らしく生きていくための人間力を育《はぐく》むことにつながる**というのです。

なのに、多くの親がそれと反対のことをしてしまいがちです。

子どもに無理やり宿題をさせたり、危険な場所には行かせないようにしたり、親の好みだけで服を選んだり……。

そうした行為は、子どもに「私って自分では何も判断できないダメな子だ」という無力感をもたらすことになってしまいます。

『行為主体性《こういしゅたいせい》』という心理学用語があります。誰もが自分の運命は自分で決めていると感じることで、幸福と満足を得ることを指す言葉です。

それは子どもにも当てはまります。子どもがすることに主体性を持たせることが肝心だということ。

先の本では、好き嫌いの多い子どもに食べさせる方法の一例として、「皿の中身を半分に分けて、どちらを食べるか本人に選ばせること」が挙げられています。

それだけでも、子どもは〝自分が選んだ〟という満足感を覚えます。

つまり、**自分でコントロールできていると感じることで、脳がストレスにうまく対処できるようになる**というのです。

そうした小さなコントロール感を満たすことの積み重ねが、子どもの自立や成長をうながすというのです。

「うちは過保護かも」という自覚がおありだとしたら、参考になさってみてはいかがでしょう。

「心の万能薬」を使う
↓〝すみません〟ではなく〝ありがとう〟

うちの上司から事あるごとに「お礼を言うときに〝すみません〟と言わず、〝ありがとうございます〟と言いなさい」と諭されます。だけど、つい〝すみません〟って出ちゃうんだよなぁ。

〝すみません〟というのは便利な言葉です。謝罪するときに使えるのはもちろん、「すみませ～ん」と誰かに呼びかけるときや、何かを依頼するときにも使えるし、「すみません＝助かります」という意味で感謝するときにも使えます。

ただ、それだけに誤解されやすいかもしれません。特に、日本語をちゃんと理解していない外国人からは「なんで日本人はうれしいときも謝るの？」と不思議に思われそうです。

また、お悩みの例のように上司が〝すみません〟を問題視するのは、別の理由があるのかもしれません。

というのも、**〝すみません〟が口ぐせのように出てしまう人は、「自己評価の低い人」という印象を相手に与えてしまいがち**だからです。

ついへりくだってしまうのは、自信のなさの表われと感じ取られてしまうのです。営業職の人が、相手にそう思われてしまっては致命的です。

そんな誤解を相手に与えないためには、上司のアドバイスのように〝すみません〟を〝ありがとう〟に置き換えるのが、一番の解決策だと思われます。それだけでネガティブな印象が一気にポジティブになります。

それに、〝ありがとう〟という言葉には特別なパワーがあります。

〝ありがとう〟は、伝える人も、伝えられた人もお互いが幸せになれる力のある言葉なのです。というのも、**〝ありがとう〟と感謝の気持ちを述べることで、脳内にオキシトシンという「癒《いや》しホルモン」が分泌される**からです。

このオキシトシンには、次のような効果があることが知られています。

・自律神経を整える
・免疫力を高める
・血圧が下がる
・ストレスをなくす
・脳の疲れがとれる

こうした効果があることが「癒しホルモン」と呼ばれる所以《ゆえん》でもあるんでしょうね。

また、オキシトシンには「心」を整えてくれる働きだけでなく、記憶力にも深い関わりがあることがわかっています。

脳科学者の中野信子氏によると、オキシトシンの分泌が活発になっている状態では、「新しいことを覚える力＝記銘力《きめいりょく》」が向上することが、動物実験で明らかになっているそうです。

つまり、〝ありがとう〟という言葉を口にすることは、日々の仕事のパフォーマンスや、学習効率をアップさせるのに役立つものでもあるということ。

しかも、〝ありがとう〟の言葉は、それを耳にした人の心も癒してくれます。免疫力も高めてくれます。

〝ありがとう〟のひと言が互いを幸せにし、人間関係の改善にも役立つのですから、この魔法の言葉を出し惜《お》しみするのはもったいないですよね。

（了）

本書は、本文庫のために書き下ろされたものです。

「プラス1秒《びょう》」気《き》分転換《ぶんてんかん》の心《しん》理《り》学《がく》

著者　清田予紀（きよた・よき）
発行者　押鐘太陽
発行所　株式会社三笠書房
〒102-0072 東京都千代田区飯田橋3-3-1
電話　03-5226-5734（営業部）03-5226-5731（編集部）
https://www.mikasashobo.co.jp
印刷　誠宏印刷
製本　ナショナル製本

 ISBN978-4-8379-6993-8 C0130

王様文庫

王様文庫

心が深く見えてくる！

清田予紀の本

時間を忘れるほど面白い 人間心理のふしぎがわかる本

なぜ私たちは「隅の席」に座りたがるのか――あの顔、その行動、この言葉に〝ホンネ〟があらわれる！　◎「握手」をするだけで、相手がここまでわかる◎よく人に道を尋ねられる人の特徴◎いわゆる「ツンデレ」がモテる理由……「深層心理」が見えてくる本！

「鬼滅の刃」で心理分析できる本

あのキャラの言葉、佇まいは、なぜ心に刺さるのか？　◇竈門炭治郎は「自分を鼓舞する天才」　◇煉獄杏寿郎に学ぶ「メンタル強化法」　◇女性が我妻善逸にクラッときてしまうワケ　◇胡蝶しのぶと冨岡義勇の〝恋の確率〟　◇鬼舞辻無惨が仕込んだ「呪い」の恐ろしさ

それ、「心理学」で説明できます！

世の中は、想像以上に「心」で動いている！　◎なぜ、人は行列に並びたくなる？　◎なぜ、仲のいい人とは〝雰囲気〟が似てくる？　◎何かに夢中だと、時間がアッという間なのはなぜ？　◎「短所」は、ホントに「長所」にもなる？　……身近な〝ミステリー〟が解けていく！

K30575